EL CANTAR DE LOS CANTARES

EL CANTAR DE LOS CANTARES

Traducción, introducción y comentario
de Eloíno Nácar Fuster

Xilografías de Eric Gill

VISOR LIBROS

VOLUMEN III DE LA COLECCIÓN DECÍAMOS AYER...

Isaac Peral, 18 - 28015 Madrid
www.visor-libros.com

ISBN: 978-84-9895-612-2
Depósito Legal: M-7447-2024

Impreso en España - Printed in Spain
Gráficas Muriel. C/ Investigación, n.º 9. P. I. Los Olivos - 28906 Getafe (Madrid)

INTRODUCCIÓN

EL CARÁCTER DEL CANTAR

El Cantar de los Cantares, es decir, el más bello y sublime de todos los cantares, es la más bella y delicada flor de la poesía hebrea sagrada, que no solo es, por lo general, la más alta y sublime entre las poesías de los pueblos todos, sino que de todas se distingue por el sello de lo divino que le imprimió la inspiración; no la inspiración en el amplio sentido en que suele atribuirse a toda poesía, sino en el estricto de haber sido sus autores órgano del Espíritu Santo, que elevando la mente de los mismos a una superior esfera de conocimiento y sentimiento, hizo que lo que ellos escribieron fuese, al mismo tiempo que palabra suya, palabra de Dios.

DIFICULTAD OPUESTA A LA INSPIRACIÓN DEL CANTAR

No pocos, principalmente racionalistas, tienen al Cantar por indigno de la inspiración divina, por ser un canto de amor. Cierto que eso es. Un canto de amor. Pero, ¿de qué amor? Para unos de esos intérpretes, de amor impuro; un canto erótico, al modo del *Symposion* de Platón. Para otros, no tan extremados, de un amor puro y noble, de amor conyugal; pero, al fin, de amor puramente humano, aunque después de escrito haya querido dársele una más alta significación.

Este sentir fue ya de antiguo reprobado por la Iglesia, al condenar en el Concilio V de Constantinopla a Teodoro de Mopsuesta, que solo veía en el Cantar un erótico canto de bodas.

LA TRADICIÓN

No solo la tradición judía, sino principalmente la de la Iglesia cristiana católica, ha visto siempre en el Cantar un libro sagrado, divinamente inspirado, y, ya con esto, rechaza la opinión de ser solo un canto de amor humano. Por tanto, aunque para quien sin prejuicios lea el Cantar pueda este parecer un canto de amor humano, sería de amor conyugal, honesto y ciertamente tan puro, tan espiritual, que no podría menos de preguntarse si, en vez de ser solo eso, no sería ello más que la envoltura de algo todavía más puro, más elevado y más sublime; y la respuesta se la da toda la tradición judía y cristiana, que ha visto siempre en el Cantar el ropaje literario con que el cantor inspirado revistió un amor enteramente sobrenatural y divino. Así, unánimemente lo consideraron judíos y cristianos desde la más remota antigüedad de que por monumentos escritos tenemos noticia.

Por tanto, toda la dificultad que la forma literaria del poema ofrece, por ser esta la de un amor humano, aunque puro y honesto, el conyugal, habrá de resolverla la interpretación.

LA INTERPRETACIÓN DEL CANTAR. EL SENTIDO LITERAL HISTÓRICO

Interpretar un libro no es sino investigar y exponer el sentido del autor, lo que este pretendió expresar y realmente expresó por sus palabras. Pero cuando se trata de un libro divinamente inspirado, por ser dos los autores —el instrumental, el hagiógrafo; y el principal, el Espíritu Santo inspirante—, interpretar será investigar y exponer el sentido, la mente del uno y del otro, ya sean ambas enteramente coincidentes, como generalmente sucede, ya sean en algo diferentes, como sucede a veces, aunque siempre convergentes; pues por ser el hombre en la mano de Dios un instrumento deficiente, incapaz de recibir toda la verdad divina, puede suceder, y a veces sucede, que no dé Dios a conocer al hagiógrafo todo cuanto Él pretende expresar por las palabras de este. Cuando Dios da a conocer al hagiógrafo todo cuanto por medio de él pretende expresar, el sentido de ambos es enteramente el mismo, es el sentido que suele llamarse literal histórico. Cuando no es así, sino que quiere Dios expresar por las palabras del hagiógrafo algo más de lo que a este dio a conocer y este intentó expresar, el sentido común a los dos, es ese mismo literal histórico; pero sobre él se dará otro sentido único y exclusivo de Dios inspirante.

EL SENTIDO EVANGÉLICO Y EL TÍPICO

En el caso últimamente examinado, si el sentido de Dios inspirante sobre el literal histórico es también de la letra, aunque más pleno, más perfecto; se llama literal evangélico, porque se ve a la luz de la revelación subsiguiente a la hecha al hagiógrafo, principalmente a la de la revelación evangélica. Mas puede darse el caso de que ese sentido exclusivo de Dios inspirante no sea directa e inmediatamente de las palabras, de la letra, sino directa e inmediatamente de las cosas o personas significadas por la letra, aunque indirecta y mediatamente de la letra misma. Todos estos sentidos, sin embargo, tienen por fundamento el literal, y sin este no pueden subsistir. Por eso, Pío XII, en su Encíclica *Divino afflante Spiritu,* recomienda a los intérpretes católicos «tener muy presente que lo que principalmente han de procurar es ver claramente y definir cuál sea el sentido que se llama literal».

EL LENGUAJE FIGURADO

Las palabras del humano lenguaje pueden ser empleadas en dos modos de acepción: el propio y el figurado. En este segundo modo dejan ya de significar lo que propiamente significan, para significar otra cosa que con aquello tiene relación de analogía o semejanza. De aquí que el sentido literal pueda ser, o literal propio, o literal metafórico, pues este segundo modo de decir viene a ser una especie de traslación o elevación de las palabras, fuera y por encima de lo que propiamente significan.

LAS VARIAS ESPECIES DE LENGUAJE FIGURADO

En el fondo de todo el lenguaje figurado está siempre latente la comparación, que es el obligado escalón para subir a la metáfora. La comparación, que puede ser de igualdad, de exceso o de defecto, está todavía dentro del lenguaje propio, y en ella es propia la significación de los dos términos comparados. La metáfora es el primer paso dado en el lenguaje figurado; y al identificar ambos términos, da ya a uno de ellos una significación figurada. Decir de una mujer que es bella como una flor, es comparación; decir que es una flor, es ya metáfora, por la cual uno de los términos, flor, asciende a una significación más alta que la que le es propia.

El lenguaje figurado va desde la simple metáfora hasta la parábola o apólogo, y comprende varias especies de figuras.

LA ALEGORÍA

Una serie de metáforas concatenadas es la alegoría, que puede prolongarse hasta formar todo un poema, un libro entero.

La alegoría viene a ser una figurada descripción de un objeto o de una situación, en que los términos descriptivos no describen lo que aparentemente parecen describir, sino otra cosa o situación, a la que se dirige la mente del autor, y que tiene con la primera cierta analogía o semejanza. San Agustín dice brevemente: «Allegoria dicitur cum aliquid, aliud videtur sonare in verbis, et aliud in intellectu significare». Naturalmente que la descripción ha de ser tal, que el que oye o lee fácilmente pueda entender que lo que el autor pretende describir es esto segundo, no lo primero.

Sucede, sin embargo, con frecuencia, que no todas las metáforas de la descripción aparente corresponden exactamente una a una a las partes o momentos de la cosa o situación intencionalmente descrita, sino que algunas se introducen en la descripción aparente solo con el propósito de completar la belleza literaria del cuadro descriptivo.

También sucede, y esto lo da Cicerón como el mejor y más elegante modo de decir, que en una composición se entremezclan frases de sentido propio, comparaciones y alegorías. Es, pues, frecuente, que en una alegoría más o menos extensa hallemos, mezcladas con las metáforas verdaderamente alegóricas, metáforas simplemente complementarias, comparaciones y frases de sentido propio.

LA PARÁBOLA

Otra especie dentro del lenguaje figurado es la parábola. Uno de los medios de prueba y confirmación oratoria es el ejemplo, y ciertamente el ejemplo, si es real, es uno de los más fuertes modos de persuadir: *facta trahunt;* pero también es fuertemente persuasivo el ejemplo irreal, imaginario, inventado. El ejemplo irreal, imaginario, puede ser de dos especies: la parábola y la fábula.

La parábola es propiamente la comparación, entre dos situaciones semejantes: lo que se conceda de la situación ejemplo habrá de concederse de la situación real. Es, pues, demostrativa, persuasiva. No se necesita que haya semejanza entre lo comparado y el término de la comparación, basta que la haya entre las dos situaciones: la imaginaria y la real; por eso no es necesario que entre las partes de la parábola y las partes de la situación real haya semejanza, basta que la haya entre todo y todo, entre situación y situación.

La fábula es un caso particular de ejemplo irreal, pero concreto, que ilustra en cierto aspecto un caso concreto o actual, pero real; más que demostrativa es ilustrativa. Los personajes actúan, y la conclusión que de su actuación pueda sacarse, una vez vista, podrá aplicarse al caso concreto real, y entonces ya la fábula se hace demostrativa, persuasiva.

Tanto la parábola cuanto la fábula pueden inclinarse a la alegoría, introduciéndose en ellas metáforas de significación alegórica.

Conviene establecer bien la diferencia entre la alegoría, la parábola y la fábula. La alegoría es una descripción figurada, cuyos términos descriptivos, si no todos, en gran parte significan una cosa distinta de la que parecen significar; la parábola describe una situación general imaginaria que en su totalidad, no en sus partes, corresponde a otra situación real; la fábula propone un caso concreto, que ilustra otro concreto, no en general, sino en un aspecto determinado.

También son especies de lenguaje figurado el enigma y, en cierto modo, la acción simbólica, que por no hacer ahora a nuestro caso, solo mencionamos.

EL *MASAL* HEBREO

En la explicación de las varias especies del lenguaje figurado, hemos seguido el proceso de las literaturas clásicas, griega y latina, sin embargo, sin dejar de tener a la vista la literatura bíblica. En la literatura hebrea no hallamos, por lo general, tan distintas y precisas las especies mencionadas, aunque de todas ellas se nos ofrecen ejemplos, en lo que los hebreos llaman con el nombre genérico de *masal.* Este nombre lo han traducido generalmente los intérpretes del Antiguo Testamento por parábola, lo mismo cuando designa un simple refrán o un adagio que cuando designa algo muy semejante a la alegoría, la parábola o la fábula de las literaturas griega y latina. Designa, sobre todo, muchas veces la alegoría, de la cual los autores sagrados nos han dejado bellísimos ejemplos. Como tal, aducimos, entre mil que pudiéramos citar, la alegórica descripción de la vejez que hace el *Eclesiastés,* 13. 3 y siguientes:

> Acuérdate de Dios cuando eres joven,
> antes ya de que vengan
> los días malos y los muchos años,
> en que habrás de decirte:
> No hallo ya gusto de ellos.
> Antes que se oscurezcan
> sol y luna y estrellas,
> y las nubes sucedan a las lluvias;
> cuando tiemblan los guardas de la casa,
> y se encorvan los fuertes,
> y se quedan ociosas, con ser pocas,
> las que están a la muela,
> y no ven los que están a las ventanas,
> y se cierran las puertas de defuera,
> y se apagan los ruidos del molino,
> se agudiza la voz de la avecilla,
> y las hijas del canto se enronquecen,

y hay temblores arriba en las alturas,
y tropiezos abajo en el camino,
y florece el almendro,
y se hincha la langosta,
y se cae la alcaparra;
porque es que se va el hombre
a su eterna morada,
y andan las plañideras
en torno de la plaza;
antes de que se rompa
el hilito de plata,
y el platillo de oro se te quiebre,
y el cántaro se haga mil pedazos
al lado de la fuente,
y caiga la polea
a lo hondo del pozo,
y se torne a la tierra
el polvo que antes era,
y retorne el espíritu
a Dios, que se lo dio.

LA OSCURIDAD DE LA ALEGORÍA

A veces, la alegoría resulta oscura por impericia del autor; pero otras veces la oscuridad es intencionada, pretendida por el autor, tendiendo este al enigma, para más fuertemente atraer la atención, y hacer así que más profundamente se grabe en la mente del lector el pensamiento.

LA ALEGORÍA EN LOS LIBROS SANTOS COMO EXPRESIÓN DE LA VERDAD RELIGIOSA

La alegoría es muchas veces, en los Libros Santos del Antiguo y del Nuevo Testamento, medio directo de expresión de la verdad religiosa, bien por ser fruto de una singular ilustración profética, bien por ser la misteriosa expresión de divinos misterios. De lo primero son ejemplo los alegóricos vaticinios de Balán, *Números* 23. De lo segundo, el *Salmo* 49; pero seguramente el mejor y más bello ejemplo de esto es, en último término, *El Cantar de los Cantares,* aunque no se nos ofrezca con el genérico nombre de *masal,* sino con el específico de *sir asirím.*

CUÁL ES LA ESPECIE DE LENGUAJE FIGURADO A QUE PERTENECE EL CANTAR

Dados todos estos precedentes, ¿qué es, por fin, *El Cantar de los Cantares*? ¿Es un simple poema de humano amor, es una alegoría o es una parábola? Contra el primer modo de ver está toda la tradición judía y cristiana; contra el último, el hecho de que la semejanza o analogía entre lo aparente y lo realmente descrito no es solo de situación a situación, sino que muchas veces las partes, momentos y detalles de la descripción aparente responden a otras tantas partes, momentos y detalles de lo realmente descrito.

Es evidente que muchísimas de sus metáforas son otras tantas metáforas amorosas, pero si solo eso fueran, expresivas de un amor humano, el poema no pasaría de ser un canto de amor humano, contra lo que en él ha visto toda la tradición según la cual esas metáforas son de un orden más alto, están penetradas de una, por así decirlo, metáfora de fondo, en virtud de la cual son expresivas de un amor sobrehumano, sobrenatural, enteramente divino, y esta metáfora de fondo penetra todo el poema, no solo esta o la otra parte, y hace de él la descripción alegórica de un amor divino.

LA INTERPRETACIÓN TÍPICA

No son solamente los intérpretes racionalistas, sino bastantes entre los judíos y católicos, entre otros nuestro Fray Luis de León, los que dan las metáforas del Cantar por expresivas de un amor humano, aunque honesto y puro, el amor conyugal; mas esta es para ellos solo la corteza, por llevar sobreañadida a este sentido literal metafórico, por voluntad del Espíritu Santo inspirante, la significación de un amor más alto, verdaderamente divino, del cual aquel no es sino el tipo, la figura, y este, el antitipo.

Tal modo de ver parece menos probable, y complica gravemente la interpretación, multiplicando los tipos sin necesidad, pues en cada frase metafórica, o, por lo menos, en la mayor parte de ellas, habría que determinar cuál es el tipo y cuál el antítipo.

Además, el sentido típico no debe admitirse en las Sagradas Escrituras sin razón suficiente; por lo menos, para que sea cierto, ha de apoyarse en una autoridad que nos certifique de que en tal lugar quiso el Espíritu Santo que las cosas que las palabras expresan fuesen tipo, figura de otras cosas, y esa autoridad no puede ser sino la interpretación de un autor divinamente inspirado, la unánime de los Padres o la auténtica de la Iglesia, y bien claro está que en nuestro caso ninguna de esas autoridades nos da apoyo suficiente para interpretar en sentido típico el Cantar, ni en su conjunto, ni mucho menos en sus detalles.

LA INTERPRETACIÓN ALEGÓRICA

Excluidos del Cantar el sentido literal propio y el sentido típico, ¿cuál puede y debe ser el sentido? No puede ser sino el sentido literal metafórico, que por ser el Cantar una serie de metáforas concatenadas y, en general, descriptivas de algo real, diferente de lo aparentemente descrito, caería enteramente dentro de la esfera de la alegoría.

¿Cuál, determinadamente, sería esta? De los dos términos de la comparación latente, el uno, el descrito aparentemente, es bien claro: el humano amor conyugal, puro y honesto. ¿Cuál es el otro? Un amor más alto, enteramente divino, al que se dirige la mente del autor y, por tanto, han de dirigirse la del intérprete y la del lector, al leer la descripción aparente, sin detenerse en el amor humano descrito; y este sentido real alegórico sería el verdadero sentido literal del Cantar.

EL SENTIDO LITERAL HISTÓRICO

En sentido literal histórico, ese amor divino no puede ser sino un amor de Dios, al alcance de la mente del hagiógrafo y de la de los inmediatos destinatarios del poema; el amor de Yavé a su pueblo Israel. El hagiógrafo es un judío, probablemente de la época de la cautividad o de la inmediatamente subsiguiente. Los inmediatos destinatarios eran igualmente judíos y de la misma época. El autor conocía muy bien los escritos de los profetas de Israel, y los había meditado mucho.

En los profetas, el amor de Yavé a su pueblo se muestra en las mil pruebas que de él le dio a través de su historia, desde su elección como pueblo suyo, singular y segregado de todas las gentes; pero principalmente en las promesas de redención, en las promesas mesiánicas. Ya desde el principio, el pacto de alianza entre Dios y el pueblo se nos presenta en las Sagradas Escrituras bajo la metáfora del matrimonio. Yavé es el esposo de Israel; Israel, la esposa de Yavé, y las infidelidades del pueblo a ese pacto se nos presentan metafóricamente como fornicaciones, prostituciones, adulterios. Estas infidelidades las castiga Dios con tremendos castigos, cuyo anuncio forma la parte conminatoria de los escritos de los profetas; pero, a pesar de ellas, Dios no rechaza del todo a Israel, no repudia definitivamente a su esposa. Una vez arrepentida y purificada por la prueba, volverá a admitirla a su tálamo, y le dará las más delicadas muestras de amor, principalmente por la restauración mesiánica, cuya promesa es la parte consolatoria de los escritos proféticos. Esta restauración mesiánica va en la perspectiva profética unida generalmente con la restauración nacional, moral y religiosa después de la cautividad.

Algo, pues, de esto ha de ser el sentido literal histórico del Cantar, una poética condensación de los supremos anhelos de Israel y de la consoladora certeza de la redención.

LA ESPOSA, ¿ES EL ISRAEL HISTÓRICO?

Algunos así lo creen, y tienen el Cantar por una alegoría histórica del amor de Yavé a su pueblo desde sus comienzos a través de la historia hasta los tiempos del Autor. Pero hay en esto una grave dificultad. Si la esposa fuera el Israel histórico, con todas sus infidelidades, que a casi todos los profetas arrancan gritos de indignación y tremendas increpaciones, ¿cómo es que en el Cantar no hay nada de esto, y aun las mismas alusiones a esto, que algunos creen ver en él, son tan leves, tan veladas, que, por mucho que se esfuerzan en ponerlas de relieve, aparecen como enteramente inconsistentes?

LA ESPOSA ES EL ISRAEL MESIÁNICO

Aunque justa, pues, la interpretación tradicional judía y de no pocos cristianos, que ve en Yavé al esposo y en Israel a la esposa, no lo es tanto, en ver en esta al Israel histórico. En el Cantar, nada de increpaciones y conminaciones: todo es amor del esposo a la esposa y de la esposa al esposo; suma complacencia mutua del uno en el otro. No puede ser una alegoría histórica; es indudablemente una alegoría mesiánica, la explosión del amor del Israel mesiánico a Yavé Redentor, y de Yavé Redentor al Israel redimido; mejor, quizá, empleando un latinismo, al Israel inmediatamente *redimendo.* Lo justo de esta interpretación se verá todavía mejor en el comentario.

EL SENTIDO LITERAL MÁS PLENO O EVANGÉLICO

A la luz de la revelación posterior del Evangelio, ya bien claramente se ve que el Esposo es el Mesías Redentor, Cristo Jesús, y la esposa, el Israel redimido, el nuevo Israel, el Israel de Dios, la Iglesia de Cristo; y aun pudiéramos decir en cierto modo, que este sentido literal evangélico es más verdadero que el literal histórico. Cristo es el verdadero esposo, cuyos compañeros, los discípulos, no pueden ni deben ayunar mientras el esposo está con ellos; ya se entristecerán y ayunará cuando el esposo les sea arrebatado (*Mateo,* 9. 15; *Marcos,* 2. 19; *Lucas,* 5. 34; *Juan,* 3. 29), y se ve también que la esposa es el nuevo Israel, el Israel de Dios (*Gálatas,* 6. 16); la nueva Jerusalén, la esposa del Cordero (*Apóstoles,* 21. 9).

De aquí que muchos intérpretes cristianos, sin apartarse del todo de la interpretación tradicional de los judíos, vean en el esposo a Cristo; en la esposa a la Iglesia de Cristo; a la Santísima Virgen; al alma santa; no haciendo en estos dos últimos casos sino una acomodación por extensión, autorizada por la Iglesia en su Liturgia. Algunos, universalizando, ven en la esposa a la Humanidad entera, a la cual desde sus orígenes, pero sobre todo en la Redención, tanto amó Dios, que llegó hasta darle su Hijo Unigénito (*Juan,* 3. 16).

ALGUNAS OTRAS INTERPRETACIONES

Dos palabras no más acerca de algunas otras interpretaciones. No pocos racionalistas tienen el Cantar por un verdadero drama. La mayor parte de ellos ve una competencia amorosa entre un pastor y el rey Salomón, disputándose el amor de una pastorcita de Sulam, siendo al fin vencido el rey en la amorosa contienda. Para construir este castillo de naipes, tienen que hacer prodigios de ingenio, pero a un simple soplo todo se cae.

El drama, propiamente dicho, con nudo, acción y desenlace, es enteramente ignorado en la literatura hebrea. Hay, sí, poemas líricos, que tienen algo o mucho de dramáticos, como, por ejemplo, Job, y también el Cantar; pero nada de drama propiamente dicho, como el que esos intérpretes se fingen.

Otros consideran el Cantar como una colección de los cantos nupciales que se cantaban de ordinario en las bodas, que duraban siete días; y han llegado algunos, entre ellos Bousset, a dividir el canto en siete partes, correspondiente cada una a cada uno de los siete días de las bodas. Pero sería enteramente inexplicable que tales cantos, oídos y cantados por el pueblo, hubieran venido luego a admitirse como un canto divinamente inspirado; y la división que de él hacen estos autores, en siete partes, es puramente arbitraria, sin fundamento en el texto. Lo que sí podemos decir es que el Cantar es un canto nupcial, hecho quizá a imitación, en cuanto a la forma literaria, de los cantos nupciales populares, pero que nunca fue cantado en boda alguna, pues lo que él canta son bodas altísimas, muy por encima de las humanas.

LA COMPOSICIÓN DEL CANTAR

Antes de dar el examen detallado del Cantar en un breve comentario, digamos algo acerca de su composición.

Todo el Cantar está en forma de monólogos de la esposa, diálogos del esposo y la esposa, y coros, unas veces contestados y otras no contestados. Todo él, más bien que escenas dramáticas, son recitados dramáticos. Pudiéramos distinguir en él cuatro partes, a más de un prólogo y un epílogo. Las cuatro partes parecen estar bien distintas por la estrofa intercalar, que tres veces se repite: en 2. 6, 7; en 3. 4, 5, y en 8. 3, 4. En alguno de estos lugares parece haber desaparecido alguna parte de esta estrofa, que habría que restituir; así, en 3. 4, ha desaparecido el verso «Su izquierda está bajo mi cabeza y su diestra me abraza», que en los otros dos lugares precede a la adjuración, mientras que en 8. 4, lo caído es el estico: «por las cabras monteses y las gacelas». La estrofa intercalar completa es la que aparece en 2. 6, 7:

> Está su izquierda bajo mi cabeza,
> y su diestra me abraza.
> Os conjuro, hijas de Jerusalén,
> por las cabras monteses y las gacelas.
> No inquietéis a la amada,
> hasta que ella no quiera.

El prólogo sería 1. 1-4, y el epílogo 8. 8-14.

LOS PRINCIPALES SÍMBOLOS DEL POEMA

Entre los numerosos símbolos que nos ofrece el Cantar, son los principales:

1.º Las personas: A más del esposo y la esposa, que ya hemos indicado varias veces lo que simbolizan, aparecen en el poema: Salomón, que simboliza siempre el rey mesiánico, a Yavé Redentor; las hijas de Jerusalén, que simbolizan a las naciones gentiles, deseosas de participar en la dicha y la gloria de Israel; las hijas de Sión, que parecen simbolizar a los habitantes de la nueva Jerusalén, y, finalmente, los hermanos de la esposa.

2.º Entre los símbolos reales descuellan la viña, el jardín, la fuente de aguas vivas; los montes del norte de la Palestina; el desierto, el invierno, la primavera; todos para simbolizar al Israel de la cautividad o al de la restauración, el tiempo y el camino de la vuelta, etc.

A pesar de ser muchos los símbolos cuya significación podemos percibir con mayor o menor probabilidad y claridad, hay también otros muchos cuya significación escapa a nuestra vista, y que quizá, más que como símbolos, han sido introducidos como complementos estéticos de la belleza literaria del poema. En el breve comentario que sigue a la traducción los examinaremos más detalladamente.

Eloíno Nácar Fuster

El harén

שיר השירים

EL CANTAR DE LOS CANTARES

1

1 1 שִׁיר הַשִּׁירִים אֲשֶׁר לִשְׁלֹמֹה׃

2 יִשָּׁקֵנִי מִנְּשִׁיקוֹת פִּיהוּ
כִּֽי־טוֹבִים דֹּדֶיךָ מִיָּיִן׃ 3 לְרֵיחַ שְׁמָנֶיךָ טוֹבִים
שֶׁמֶן תּוּרַק שְׁמֶךָ עַל־כֵּן עֲלָמוֹת אֲהֵבוּךָ׃
4 מָשְׁכֵנִי אַחֲרֶיךָ נָּרוּצָה הֱבִיאַנִי הַמֶּלֶךְ חֲדָרָיו
נָגִילָה וְנִשְׂמְחָה בָּךְ נַזְכִּירָה דֹדֶיךָ מִיַּיִן
מֵישָׁרִים אֲהֵבוּךָ׃

5 שְׁחוֹרָה אֲנִי וְנָאוָה בְּנוֹת יְרוּשָׁלִָם
כְּאָהֳלֵי קֵדָר כִּירִיעוֹת שְׁלֹמֹה׃

1

EL CANTAR DE LOS CANTARES, DE SALOMÓN.

LA ESPOSA
¡Béseme con el beso de su boca!
¡Me son tan deliciosas tus caricias,
suaves más que el vino!
Me son para el olfato tus perfumes
más fragantes que todos los aromas,
y es para mí tu nombre
ungüento derramado.
¡Por eso te aman tanto las doncellas!

EL CORO DE DONCELLAS
Llévanos tras de ti, corramos juntas.
El rey en sus estancias
nos introducirá.
Allí nos gozaremos, recordando
tus caricias, suaves más que el vino.
¡Cuán amable, cuán digno eres de amor!

LA ESPOSA
¡Oh hijas de Salem!
Soy morena, mas bella,
cual las tiendas de Cédar,
cual tapiz de la tienda
de el rey Salomón.
No reparéis que sea tan morena,

6 אַל־תִּרְאוּנִי שֶׁאֲנִי שְׁחַרְחֹרֶת   שֶׁשֱּׁזָפַתְנִי הַשָּׁמֶשׁ
בְּנֵי אִמִּי נִחֲרוּ־בִי   שָׂמֻנִי נֹטֵרָה אֶת־הַכְּרָמִים
כַּרְמִי שֶׁלִּי לֹא נָטָרְתִּי׃

7 הַגִּידָה לִּי שֶׁאָהֲבָה נַפְשִׁי   אֵיכָה תִרְעֶה
אֵיכָה תַּרְבִּיץ בַּצָּהֳרָיִם
שַׁלָּמָה אֶהְיֶה כְּעֹטְיָה   עַל עֶדְרֵי חֲבֵרֶיךָ׃
8 אִם־לֹא תֵדְעִי לָךְ   הַיָּפָה בַּנָּשִׁים
צְאִי־לָךְ בְּעִקְבֵי הַצֹּאן   וּרְעִי אֶת־גְּדִיֹּתַיִךְ
עַל מִשְׁכְּנוֹת הָרֹעִים׃

9 לְסֻסָתִי בְּרִכְבֵי פַרְעֹה   דִּמִּיתִיךְ רַעְיָתִי׃
10 נָאווּ לְחָיַיִךְ בַּתֹּרִים   צַוָּארֵךְ בַּחֲרוּזִים׃
11 תּוֹרֵי זָהָב נַעֲשֶׂה־לָּךְ   עִם נְקֻדּוֹת הַכָּסֶף׃

es que el sol me ha quemado,
es que los hijos mismos de mi madre,
airados contra mí,
para guarda de viña me pusieron.
¡No era mía la viña que guardaba!
Dime, dime, amor mío:
¿en dónde tus rebaños apacientas?
¿Dónde tu grey sestea?
No me pierda detrás de los rebaños
de esos que contigo pastorean.

EL ESPOSO
¿Dó lo sabes, oh bella entre las bellas?
Sigue, sigue las huellas del rebaño,
y lleva tu manada de cabritos
cerquita de las tiendas
do moran los pastores.
Eres, amada mía, semejante
en esbeltez y atuendo
a un tiro de los carros
del Faraón de Egipto.
Son entre las guedejas tus mejillas
mitades de granada,
y es tu cuello, adornado de collares,
cual torre de marfil.
Unos collares de oro voy a hacerte
con las cuentas de plata.

12 עַד־שֶׁ֤הַמֶּ֙לֶךְ֙ בִּמְסִבּ֔וֹ   נִרְדִּ֖י נָתַ֥ן רֵיחֽוֹ׃
13 צְר֨וֹר הַמֹּ֤ר ׀ דּוֹדִי֙ לִ֔י   בֵּ֥ין שָׁדַ֖י יָלִֽין׃
14 אֶשְׁכֹּ֨ל הַכֹּ֤פֶר ׀ דּוֹדִי֙ לִ֔י   בְּכַרְמֵ֖י עֵ֥ין גֶּֽדִי׃
15 הִנָּ֤ךְ יָפָה֙ רַעְיָתִ֔י   הִנָּ֥ךְ יָפָ֖ה עֵינַ֥יִךְ יוֹנִֽים׃
16 הִנְּךָ֨ יָפֶ֤ה דוֹדִי֙ אַ֣ף נָעִ֔ים   אַף־עַרְשֵׂ֖נוּ רַעֲנָנָֽה׃
17 קֹר֤וֹת בָּתֵּ֙ינוּ֙ אֲרָזִ֔ים   רַהִיטֵ֖נוּ בְּרוֹתִֽים׃

LA ESPOSA
Mientras el rey se sienta en su diván,
exhala el nardo mío su fragancia.
Mi amado, para mí,
es bolsita de mirra entre mis pechos,
manojito de alheña
de las viñas de Engadi.

EL ESPOSO
Eres, amada mía, toda hermosa,
son palomas tus ojos.

LA ESPOSA
Eres, amado mío, todo hermoso,
todo delicias eres.

EL ESPOSO
Ya nuestra tienda está verdegueante
y son postes de cedro nuestros postes,
las vigas, de ciprés.

2

2 1 אֲנִי֙ חֲבַצֶּ֣לֶת הַשָּׁר֔וֹן שֽׁוֹשַׁנַּ֖ת הָעֲמָקִֽים׃
2 כְּשֽׁוֹשַׁנָּה֙ בֵּ֣ין הַחוֹחִ֔ים כֵּ֥ן רַעְיָתִ֖י בֵּ֥ין הַבָּנֽוֹת׃
3 כְּתַפּ֙וּחַ֙ בַּעֲצֵ֣י הַיַּ֔עַר כֵּ֥ן דּוֹדִ֖י בֵּ֣ין הַבָּנִ֑ים
בְּצִלּוֹ֙ חִמַּ֣דְתִּי וְיָשַׁ֔בְתִּי וּפִרְי֖וֹ מָת֥וֹק לְחִכִּֽי׃
4 הֱבִיאַ֙נִי֙ אֶל־בֵּ֣ית הַיָּ֔יִן וְדִגְל֥וֹ עָלַ֖י אַהֲבָֽה׃
5 סַמְּכ֙וּנִי֙ בָּֽאֲשִׁישׁ֔וֹת רַפְּד֖וּנִי בַּתַּפּוּחִ֑ים
כִּי־חוֹלַ֥ת אַהֲבָ֖ה אָֽנִי׃
6 שְׂמֹאלוֹ֙ תַּ֣חַת לְרֹאשִׁ֔י וִימִינ֖וֹ תְּחַבְּקֵֽנִי׃
7 הִשְׁבַּ֨עְתִּי אֶתְכֶ֜ם בְּנ֤וֹת יְרוּשָׁלַ֙͏ִם֙
בִּצְבָא֔וֹת א֖וֹ בְּאַיְל֣וֹת הַשָּׂדֶ֑ה
אִם־תָּעִ֧ירוּ ׀ וְֽאִם־תְּעֽוֹרְר֛וּ אֶת־הָאַהֲבָ֖ה עַ֥ד שֶׁתֶּחְפָּֽץ׃

2

LA ESPOSA
Soy lirio de los valles,
florecita del Saron.

EL ESPOSO
Lo mismo que es el lirio entre los cardos,
es entre las mujeres
la amada de mi alma.

LA ESPOSA
Lo mismo que el manzano
entre árboles agrestes de la selva,
es mi amado entre todos los mancebos.
¡Cómo anhelo a su sombra reposarme!
¡Qué dulce al paladar su rico fruto!
Me ha llevado a la sala del banquete,
y ha ordenado en batalla contra mí
las huestes del amor.
Confortadme con tortas de uvas pasas,
recreadme con dulce de manzanas,
¡que me muero de amor!
Está su izquierda bajo mi cabeza
y su diestra me abraza.

EL ESPOSO
¡Oh hijas de Salem, por las gacelas
y las cabras monteses os conjuro,
no inquietéis a la amada, despertándola,
mientras no quiera ella.

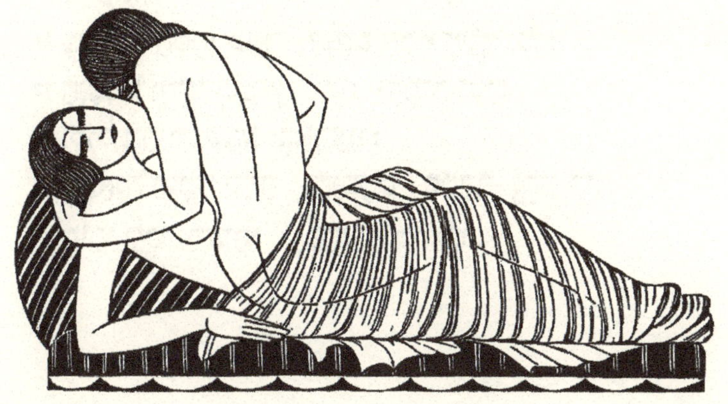

Está su mano izquierda bajo mi cabeza

8 קוֹל דּוֹדִי   הִנֵּה־זֶה בָּא
מְדַלֵּג עַל־הֶהָרִים   מְקַפֵּץ עַל־הַגְּבָעוֹת׃
9 דּוֹמֶה דוֹדִי לִצְבִי   אוֹ לְעֹפֶר הָאַיָּלִים
הִנֵּה־זֶה עוֹמֵד   אַחַר כָּתְלֵנוּ
מַשְׁגִּיחַ מִן־הַחַלֹּנוֹת   מֵצִיץ מִן־הַחֲרַכִּים׃
10 עָנָה דוֹדִי וְאָמַר לִי
קוּמִי לָךְ רַעְיָתִי   יָפָתִי וּלְכִי־לָךְ׃
11 כִּי־הִנֵּה הַסְּתָו עָבָר   הַגֶּשֶׁם חָלַף הָלַךְ לוֹ׃
12 הַנִּצָּנִים נִרְאוּ בָאָרֶץ   עֵת הַזָּמִיר הִגִּיעַ
וְקוֹל הַתּוֹר נִשְׁמַע   בְּאַרְצֵנוּ׃
13 הַתְּאֵנָה חָנְטָה פַגֶּיהָ   וְהַגְּפָנִים ׀ סְמָדַר נָתְנוּ רֵיחַ
קוּמִי לָכִי רַעְיָתִי   יָפָתִי וּלְכִי־לָךְ׃

LA ESPOSA
¡Son sus pasos! ¡Los pasos del Esposo!
¡Él, que viene, saltando por los montes!
Triscando por oteros y collados.
Se parece mi amado a la gacela,
mi amado es semejante al cervatillo.
Le siento ante los muros
de nuestra casa. ¡Llega!
Mira por la ventana, introduce
la mano por el hueco de la llave.
Ya me habla, ya me dice:

EL ESPOSO
¡Levántate, mi amada!
¡Levántate, ven ya!
Que ha pasado el invierno,
y han cesado las lluvias.
Ya el campo está florido, y es llegado
el tiempo de los cantos,
el tiempo de la poda.
Ya se oyen los arrullos de la tórtola.
Ya se muestran los frutos de la higuera,
ya están en flor las viñas.
¡Levántate, mi amada!
¡Levántate, ven ya!

¡Cómo anhelo a su sombra reposarme!

14 יוֹנָתִי בְּחַגְוֵי הַסֶּלַע בְּסֵתֶר הַמַּדְרֵגָה
הַרְאִינִי אֶת־מַרְאַיִךְ הַשְׁמִיעִינִי אֶת־קוֹלֵךְ
כִּי־קוֹלֵךְ עָרֵב וּמַרְאֵיךְ נָאוֶה׃

15 אֶחֱזוּ־לָנוּ שׁוּעָלִים שׁוּעָלִים קְטַנִּים
מְחַבְּלִים כְּרָמִים וּכְרָמֵינוּ סְמָדַר׃

16 דּוֹדִי לִי וַאֲנִי לוֹ הָרֹעֶה בַּשּׁוֹשַׁנִּים׃

17 עַד שֶׁיָּפוּחַ הַיּוֹם וְנָסוּ הַצְּלָלִים
סֹב דְּמֵה־לְךָ דוֹדִי לִצְבִי אוֹ לְעֹפֶר הָאַיָּלִים
עַל־הָרֵי בָתֶר׃

¡Ven ya, paloma mía!
¡Sal de las hendiduras de las rocas!
¡Sal de los escondrijos de las peñas!
Dame ya a ver tu rostro,
dame ya a oír tu voz,
¡que es tan dulce tu voz y tan süave,
y es tu rostro tan bello, tan hermoso!

LA ESPOSA
Cazadnos las raposas,
las raposas pequeñas que destruyen
nuestras viñas en flor.
Mi amado es para mí,
y yo soy para él,
para ese que entre lirios apacienta.
¡Ven, ven, amado mío, no te tardes!
No aguardes a que llegue
el fresco de la noche, y que las sombras
se echen sobre la tierra.
¡Ven, como la gacela!
¡Ven, como el cervatillo,
por entre las fragantes balsameras!

Él, que viene saltando por los montes

3

3 1 עַל־מִשְׁכָּבִי֙ בַּלֵּיל֔וֹת בִּקַּ֕שְׁתִּי אֵ֖ת שֶׁאָהֲבָ֣ה נַפְשִׁ֑י
בִּקַּשְׁתִּ֖יו וְלֹ֥א מְצָאתִֽיו׃
2 אָק֨וּמָה נָּ֜א וַאֲסוֹבְבָ֣ה בָעִ֗יר בַּשְּׁוָקִים֙ וּבָ֣רְחֹב֔וֹת
אֲבַקְשָׁ֕ה אֵ֥ת שֶׁאָהֲבָ֖ה נַפְשִׁ֑י
בִּקַּשְׁתִּ֖יו וְלֹ֥א מְצָאתִֽיו׃
3 מְצָא֙וּנִי֙ הַשֹּׁ֣מְרִ֔ים הַסֹּבְבִ֖ים בָּעִ֑יר
אֵ֛ת שֶׁאָהֲבָ֥ה נַפְשִׁ֖י רְאִיתֶֽם׃
4 כִּמְעַט֙ שֶׁעָבַ֣רְתִּי מֵהֶ֔ם עַ֥ד שֶׁמָּצָ֕אתִי אֵ֥ת שֶׁאָהֲבָ֖ה נַפְשִׁ֑י
אֲחַזְתִּיו֙ וְלֹ֣א אַרְפֶּ֔נּוּ
עַד־שֶׁ֨הֲבֵיאתִ֜יו אֶל־בֵּ֣ית אִמִּ֔י וְאֶל־חֶ֖דֶר הוֹרָתִֽי׃

3

En mi lecho, entre sueños,
busco anhelante al que ama el alma mía,
le busco, y no le hallo.
Voy luego a levantarme, a dar la vuelta
por la ciudad, sus calles y sus plazas,
a ver si hallo al amado de mi alma.
Le busqué sin hallarle.
Me topé con los guardias,
que rondan la ciudad. Les pregunté:
¿Habéis visto al amado de mi alma?
Luego, a poco que de ellos me aparté,
encontréme al amado.
Le abracé con amor,
ya no le soltaré,
hasta llevarle a casa de mi madre,
a la cámara misma
de la que me engendró.
Está su izquierda bajo mi cabeza,
y su diestra me abraza.

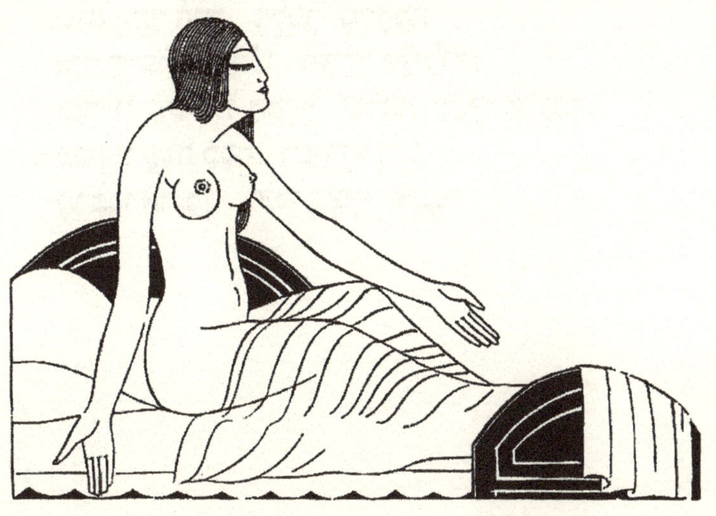

No aguardes a que llegue el fresco de la noche

5 הִשְׁבַּ֨עְתִּי אֶתְכֶ֜ם בְּנ֤וֹת יְרוּשָׁלִַ֙ם֙ בִּצְבָא֔וֹת א֖וֹ בְּאַיְל֣וֹת הַשָּׂדֶ֑ה
אִם־תָּעִ֧ירוּ ׀ וְֽאִם־תְּעֽוֹרְר֛וּ אֶת־הָאַהֲבָ֖ה עַ֥ד שֶׁתֶּחְפָּֽץ׃
6 מִ֣י זֹ֗את עֹלָה֙ מִן־הַמִּדְבָּ֔ר כְּתִֽימְר֖וֹת עָשָׁ֑ן
מְקֻטֶּ֤רֶת מֹר֙ וּלְבוֹנָ֔ה מִכֹּ֖ל אַבְקַ֥ת רוֹכֵֽל׃
7 הִנֵּ֗ה מִטָּתוֹ֙ שֶׁלִּשְׁלֹמֹ֔ה
שִׁשִּׁ֥ים גִּבֹּרִ֖ים סָבִ֣יב לָ֑הּ מִגִּבֹּרֵ֖י יִשְׂרָאֵֽל׃
8 כֻּלָּם֙ אֲחֻ֣זֵי חֶ֔רֶב מְלֻמְּדֵ֖י מִלְחָמָ֑ה
אִ֤ישׁ חַרְבּוֹ֙ עַל־יְרֵכ֔וֹ מִפַּ֖חַד בַּלֵּילֽוֹת׃
9 אַפִּרְי֗וֹן עָ֤שָׂה לוֹ֙ הַמֶּ֣לֶךְ שְׁלֹמֹ֔ה מֵעֲצֵ֖י הַלְּבָנֽוֹן׃
10 עַמּוּדָיו֙ עָ֣שָׂה כֶ֔סֶף רְפִידָת֣וֹ זָהָ֔ב
מֶרְכָּב֖וֹ אַרְגָּמָ֑ן תּוֹכוֹ֙ רָצ֣וּף אַהֲבָ֔ה

EL ESPOSO
¡Oh hijas de Salem, por las gacelas
y las cabras monteses os conjuro,
no inquietéis a la amada, despertándola,
mientras ella no quiera!

EL CORO
¿Qué es aquello que sube del desierto,
como nube de incienso,
de mirra y toda suerte de perfumes?
¡Oh, mirad, la litera
de el rey Salomón
de sesenta valientes rodeada,
de entre los más valientes de Israel!
Todos ciñen espada,
todos son adiestrados al combate,
llevan la espada al cinto,
no van desprevenidos,
por mor de las sorpresas de la noche.
Hízose Salomón
una hermosa litera,
es de cedro del Líbano,
son de pura plata sus columnas,
es del oro más fino su respaldo,
de púrpura real son sus cojines,
toda está tapizada
de telas recamadas.

No inquietéis a la amada, despertándola

מִבְּנוֹת יְרוּשָׁלָֽם׃ 11 צְאֶינָה ׀ וּרְאֶינָה בְּנוֹת צִיּוֹן
בַּמֶּלֶךְ שְׁלֹמֹה בָּעֲטָרָה שֶׁעִטְּרָה־לּוֹ אִמּוֹ
בְּיוֹם חֲתֻנָּתוֹ וּבְיוֹם שִׂמְחַת לִבּוֹ׃

¡Oh hijas de Sión, venid, venid,
a ver a Salomón con la corona
que le tejió su madre,
el día de sus bodas,
el día del gran gozo!

4

4 1 הִנָּךְ יָפָה רַעְיָתִי הִנָּךְ יָפָה עֵינַיִךְ יוֹנִים
מִבַּעַד לְצַמָּתֵךְ
שַׂעְרֵךְ כְּעֵדֶר הָעִזִּים שֶׁגָּלְשׁוּ מֵהַר גִּלְעָד׃
2 שִׁנַּיִךְ כְּעֵדֶר הַקְּצוּבוֹת שֶׁעָלוּ מִן־הָרַחְצָה
שֶׁכֻּלָּם מַתְאִימוֹת וְשַׁכֻּלָה אֵין בָּהֶם׃
3 כְּחוּט הַשָּׁנִי שִׂפְתֹתַיִךְ וּמִדְבָּרֵיךְ נָאוֶה
כְּפֶלַח הָרִמּוֹן רַקָּתֵךְ מִבַּעַד לְצַמָּתֵךְ׃
4 כְּמִגְדַּל דָּוִיד צַוָּארֵךְ בָּנוּי לְתַלְפִּיּוֹת
אֶלֶף הַמָּגֵן תָּלוּי עָלָיו כֹּל שִׁלְטֵי הַגִּבֹּרִים׃
5 שְׁנֵי שָׁדַיִךְ כִּשְׁנֵי עֳפָרִים תְּאוֹמֵי צְבִיָּה
הָרוֹעִים בַּשּׁוֹשַׁנִּים׃
6 עַד שֶׁיָּפוּחַ הַיּוֹם וְנָסוּ הַצְּלָלִים
אֵלֶךְ לִי אֶל־הַר הַמּוֹר וְאֶל־גִּבְעַת הַלְּבוֹנָה׃

4

EL ESPOSO
Eres, amada mía, toda hermosa,
tus ojos son palomas,
por entre las guedejas.
Parecen tus cabellos
manadita de cabras serpëante
por el monte de Galad.
Tus dientes son más blancos,
que rebaño de ovejas de esquileo,
que acaban de salir del lavadero,
y suben con sus crías
sin que haya ni una estéril entre ellas.
Son cintillo de púrpura tus labios,
y está de gracia llena esa tu boca.
Son entre las guedejas tus mejillas
mitades de granada.
Es tu cuello cual torre de David,
de coronas murales rodeada,
de que penden escudos a millares,
escudos de valientes.
Son tus pechos gemelos de gacela,
que pacen entre lirios.
Antes que llegue el fresco de la noche,
antes de que la noche con sus sombras
llegue a cubrir la tierra,
al monte de la mirra quiero irme,
al monte del incienso.

La serenata

7 כֻּלָּךְ יָפָה רַעְיָתִי וּמוּם אֵין בָּךְ׃

8 אִתִּי מִלְּבָנוֹן כַּלָּה אִתִּי מִלְּבָנוֹן תָּבוֹאִי
תָּשׁוּרִי ׀ מֵרֹאשׁ אֲמָנָה מֵרֹאשׁ שְׂנִיר וְחֶרְמוֹן
מִמְּעֹנוֹת אֲרָיוֹת מֵהַרְרֵי נְמֵרִים׃

9 לִבַּבְתִּנִי אֲחֹתִי כַלָּה לִבַּבְתִּנִי בְּאַחַד מֵעֵינַיִךְ
בְּאַחַד עֲנָק מִצַּוְּרֹנָיִךְ׃

10 מַה־יָּפוּ דֹדַיִךְ אֲחֹתִי כַלָּה מַה־טֹּבוּ דֹדַיִךְ מִיַּיִן
וְרֵיחַ שְׁמָנַיִךְ מִכָּל־בְּשָׂמִים׃

11 נֹפֶת תִּטֹּפְנָה שִׂפְתוֹתַיִךְ כַּלָּה דְּבַשׁ וְחָלָב תַּחַת לְשׁוֹנֵךְ
וְרֵיחַ שַׂלְמֹתַיִךְ כְּרֵיחַ לְבָנוֹן׃

12 גַּן ׀ נָעוּל אֲחֹתִי כַלָּה גַּל נָעוּל מַעְיָן חָתוּם׃

13 שְׁלָחַיִךְ פַּרְדֵּס רִמּוֹנִים עִם פְּרִי מְגָדִים
כְּפָרִים עִם־נְרָדִים׃ 14 נֵרְדְּ ׀ וְכַרְכֹּם

Eres del todo hermosa, amada mía,
no hay en ti tacha alguna.
Ven a mí, esposa mía, ven del Líbano,
vente ya de las quiebras del Amana,
ven de las altas cumbres del Sanir,
ven a mí de las cimas del Hermón.
Sal fuera del cubil de los leones,
sal ya de las guaridas de los tigres.
El alma me has robado, esposa mía,
hermana, me has robado el corazón;
prendido se ha quedado
en la primer mirada de tus ojos,
en el collar que adorna tu garganta.
¡Oh, cuán hermosa eres!
¡Cuán dulces tus caricias!
¡Son más dulces que el vino!
De tu boca el aliento
es perfume exquisito,
más suave que todos los aromas.
Miel destilan tus labios,
tu lengua miel y leche,
y huelen tus vestidos
a los aromas mil del monte Líbano.
Eres jardín cerrado, esposa mía,
eres fuente sellada,
y es el plantel tuyo un bosquecillo
de exquisitos granados,
de nardos y de alheñas,
de nardos y azafranes,

Jardín cerrado

קָנֶה וְקִנָּמוֹן   עִם כָּל־עֲצֵי לְבוֹנָה
מֹר וַאֲהָלוֹת   עִם כָּל־רָאשֵׁי בְשָׂמִים׃

15 מַעְיַן גַּנִּים בְּאֵר מַיִם חַיִּים   וְנֹזְלִים מִן־לְבָנוֹן׃
16 עוּרִי צָפוֹן וּבוֹאִי תֵימָן   הָפִיחִי גַנִּי יִזְּלוּ בְשָׂמָיו
יָבֹא דוֹדִי לְגַנּוֹ   וְיֹאכַל פְּרִי מְגָדָיו׃

canelas, cinamomos,
y de áloes y de mirras,
de arbolillos de incienso y toda suerte
de plantas aromáticas.
Eres fuente que mana a borbotones,
y riega mi jardín
en corrientes arroyos,
que bajan rumorosos
de las cimas del Líbano.
Álzate, viento cierzo,
ven tú también, oh ábrego,
oread mi jardín,
esparcid sus aromas.

LA ESPOSA
Ven, ven, amado mío, a tu jardín,
ven a gustar sus frutos exquisitos.

5

5 1 בָּ֣אתִי לְגַנִּי֮ אֲחֹתִ֣י כַלָּה֒ אָרִ֤יתִי מוֹרִי֙ עִם־בְּשָׂמִ֔י
אָכַ֤לְתִּי יַעְרִי֙ עִם־דִּבְשִׁ֔י שָׁתִ֥יתִי יֵינִ֖י עִם־חֲלָבִ֑י
2 אֲנִ֥י יְשֵׁנָ֖ה וְלִבִּ֣י עֵ֑ר ק֣וֹל ׀ דּוֹדִ֣י דוֹפֵ֗ק
פִּתְחִי־לִ֞י אֲחֹתִ֤י רַעְיָתִי֙ יוֹנָתִ֣י תַמָּתִ֔י
שֶׁרֹּאשִׁי֙ נִמְלָא־טָ֔ל קְוֻצּוֹתַ֖י רְסִ֥יסֵי לָֽיְלָה׃
3 פָּשַׁ֙טְתִּי֙ אֶת־כֻּתָּנְתִּ֔י אֵיכָ֖כָה אֶלְבָּשֶׁ֑נָּה
רָחַ֥צְתִּי אֶת־רַגְלַ֖י אֵיכָ֥כָה אֲטַנְּפֵֽם׃

5

EL ESPOSO
Voy, voy, amada mía, a mi jardín,
a coger de mi mirra y de mi bálsamo,
a gustar mis panales de miel virgen,
a beber de mi vino y de mi leche.
Comed, amigos míos, y saciaos,
bebed hasta embriagaros.

LA ESPOSA
Yo duermo, pero en vela
está mi corazón.
¡Es él! ¡Su voz! ¡Me llama!
¡Ha llamado a la puerta!

EL ESPOSO
Ábreme, amada mía,
mi paloma, mi esposa, ven a abrirme,
que ha empapado el rocío mi cabeza,
y la escarcha ha cubierto mis cabellos.

LA ESPOSA
¡Oh, ya me he desnudado de mi túnica!
¿Cómo otra vez ponérmela?
¡Ya me lavé los pies! ¿Cómo ensuciármelos?
¡Voy, voy, esposo mío! ¡Luego, luego!

El beso

4 דּוֹדִי שָׁלַח יָדוֹ מִן־הַחֹר וּמֵעַי הָמוּ עָלָיו׃
5 קַמְתִּי אֲנִי לִפְתֹּחַ לְדוֹדִי וְיָדַי נָטְפוּ־מוֹר
וְאֶצְבְּעֹתַי מוֹר עֹבֵר עַל כַּפּוֹת הַמַּנְעוּל׃
6 פָּתַחְתִּי אֲנִי לְדוֹדִי וְדוֹדִי חָמַק עָבָר
נַפְשִׁי יָצְאָה בְדַבְּרוֹ
בִּקַּשְׁתִּיהוּ וְלֹא מְצָאתִיהוּ קְרָאתִיו וְלֹא עָנָנִי׃
7 מְצָאֻנִי הַשֹּׁמְרִים הַסֹּבְבִים בָּעִיר
הִכּוּנִי פְצָעוּנִי
נָשְׂאוּ אֶת־רְדִידִי מֵעָלַי שֹׁמְרֵי הַחֹמוֹת׃
8 הִשְׁבַּעְתִּי אֶתְכֶם בְּנוֹת יְרוּשָׁלִָם
אִם־תִּמְצְאוּ אֶת־דּוֹדִי מַה־תַּגִּידוּ לוֹ
שֶׁחוֹלַת אַהֲבָה אָנִי׃

9 מַה־דּוֹדֵךְ מִדּוֹד הַיָּפָה בַּנָּשִׁים
מַה־דּוֹדֵךְ מִדּוֹד שֶׁכָּכָה הִשְׁבַּעְתָּנוּ׃

¡Oh, ya mete la mano
por el hueco de nuestra cerradura!
¡Mis entrañas del todo se conmueven!
¡Mi alma desfallece!
¡Ya, ya estoy levantada, esposo mío!
¡Voy a abrirte, mi amado, voy a abrirte!
Sus manos, goteando pura mirra,
impregnaron aldabas y cerrojos.
¡Ya está abierto, ya está!
Mas ¡cómo! ¿Es que se ha ido?
¡Le busco y no le hallo!
¡Le llamo y no responde!
¡Voy a ver si le encuentro!
He buscado al esposo sin hallarle.
Le llamé, pero no me respondió.
Topéme con los guardias
que rondan la ciudad,
y me dieron de golpes, me han herido.
Me quitaron el manto;
los que en los muros hacen centinela.
¡Oh hijas de Salem,
os pido y os conjuro,
que, si veis a mi amado, le digáis
que me muero de amor!

EL CORO DE DONCELLAS
¿Y quién es, entre tantos,
¿tu amado, que podamos distinguirle?
¿Cómo es ese tu amado,
ya que así nos conjuras?

10 דּוֹדִי צַח וְאָדוֹם דָּגוּל מֵרְבָבָה׃

11 רֹאשׁוֹ כֶּתֶם פָּז
קְוּצּוֹתָיו תַּלְתַּלִּים שְׁחֹרוֹת כָּעוֹרֵב׃

12 עֵינָיו כְּיוֹנִים עַל־אֲפִיקֵי מָיִם
לְחֲצוֹת בֶּחָלָב יֹשְׁבוֹת עַל־מִלֵּאת׃

13 לְחָיָו כַּעֲרוּגַת הַבֹּשֶׂם מִגְדְּלוֹת מֶרְקָחִים
שִׂפְתוֹתָיו שׁוֹשַׁנִּים נֹטְפוֹת מוֹר עֹבֵר׃

14 יָדָיו גְּלִילֵי זָהָב מְמֻלָּאִים בַּתַּרְשִׁישׁ
מֵעָיו עֶשֶׁת שֵׁן מְעֻלֶּפֶת סַפִּירִים׃

LA ESPOSA
¡Ah! ¿No le conocéis?
Entre mil se distingue.
Blanco y rubio, su rostro es hermosísimo,
se distingue entre mil.
De oro puro el más fino es su cabeza,
son racimos de dátiles sus rizos,
son negros como el cuervo sus cabellos,
y sus ojos palomas junto al agua,
que, bañándose en leche, se engarzaron
en engarces de oro.
Sus mejillas, erizas en que crecen
las tiernas, perfumadas balsameras,
exhalando su aroma.
Sus labios son dos lirios, que destilan
pura, exquisita mirra.
Sus dedos son barritas de oro fino,
cuajadas de las piedras más preciosas;
su pecho es obra noble de marfil,
cuajada de zafiros;

Los guardias

15 שׁוֹקָיו עַמּוּדֵי שֵׁשׁ   מְיֻסָּדִים עַל־אַדְנֵי־פָז
מַרְאֵהוּ כַּלְּבָנוֹן   בָּחוּר כָּאֲרָזִים׃
16 חִכּוֹ מַמְתַקִּים   וְכֻלּוֹ מַחֲמַדִּים
זֶה דוֹדִי וְזֶה רֵעִי   בְּנוֹת יְרוּשָׁלִָם׃

son tan firmes sus piernas,
cual columnas de mármol,
asentadas en basas de oro puro.
Esbelto, como el Líbano,
y gentil como el cedro.
Su boca es una fuente de dulzuras,
todo delicias es.
Tal es el amor mío,
oh hijas de Salem,
el esposo a quien busco sin hallarle.

6

6 1 אָנָה הָלַךְ דּוֹדֵךְ   הַיָּפָה בַּנָּשִׁים
אָנָה פָּנָה דוֹדֵךְ   וּנְבַקְשֶׁנּוּ עִמָּךְ׃
2 דּוֹדִי יָרַד לְגַנּוֹ   לַעֲרוּגוֹת הַבֹּשֶׂם
לִרְעוֹת בַּגַּנִּים   וְלִלְקֹט שׁוֹשַׁנִּים׃
3 אֲנִי לְדוֹדִי וְדוֹדִי לִי   הָרֹעֶה בַּשּׁוֹשַׁנִּים׃
4 יָפָה אַתְּ רַעְיָתִי כְּתִרְצָה   נָאוָה כִּירוּשָׁלָםִ
אֲיֻמָּה כַּנִּדְגָּלוֹת׃
5 הָסֵבִּי עֵינַיִךְ מִנֶּגְדִּי   שֶׁהֵם הִרְהִיבֻנִי
שַׂעְרֵךְ כְּעֵדֶר הָעִזִּים   שֶׁגָּלְשׁוּ מִן־הַגִּלְעָד׃

6

EL CORO
¿Y a dónde, hermosa entre las más hermosas,
se ha ido de tus ansias el esposo?
¿Hacia dónde sus pasos dirigió,
que contigo vayamos a buscarle?

LA ESPOSA
Bajó el esposo mío a su jardín,
a aspirar el aroma de las flores,
el de las perfumadas balsameras,
y a gozarse entre lirios y azucenas.
Yo soy para mi amado,
mi amado para mí,
mi esposo, que entre lirios apacienta.

EL ESPOSO
Eres, amada mía,
más hermosa que Tirsa,
más que Jerusalén,
terrible como escuadras en batalla.
Aparta ya de mí tus bellos ojos,
que me matan de amor.
Parecen tus cabellos
manadita de cabras serpeante
por el monte de Galad.

La voz de la amada

6 שִׁנַּ֙יִךְ֙ כְּעֵ֣דֶר הָרְחֵלִ֔ים שֶׁעָל֖וּ מִן־הָרַחְצָ֑ה
שֶׁכֻּלָּם֙ מַתְאִימ֔וֹת וְשַׁכֻּלָ֖ה אֵ֥ין בָּהֶֽם׃
7 כְּפֶ֤לַח הָֽרִמּוֹן֙ רַקָּתֵ֔ךְ מִבַּ֖עַד לְצַמָּתֵֽךְ׃
8 שִׁשִּׁ֥ים הֵ֙מָּה֙ מְּלָכ֔וֹת וּשְׁמֹנִ֖ים פִּֽילַגְשִׁ֑ים וַעֲלָמ֖וֹת אֵ֥ין מִסְפָּֽר׃
9 אַחַ֤ת הִיא֙ יוֹנָתִ֣י תַמָּתִ֔י אַחַ֥ת הִיא֙ לְאִמָּ֔הּ בָּרָ֥ה הִ֖יא
לְיֽוֹלַדְתָּ֑הּ[
רָא֤וּהָ בָנוֹת֙ וַֽיְאַשְּׁר֔וּהָ מְלָכ֥וֹת וּפִֽילַגְשִׁ֖ים וַֽיְהַלְל֥וּהָ׃

Son más blancos tus dientes,
que rebaño de ovejas de esquileo,
que acaban de salir del lavadero,
y suben con sus crías,
sin que haya ni una estéril entre ellas.
Son entre las guedejas tus mejillas
mitades de granada.
Sesenta son las reinas,
más de ochenta las damas
y el coro de doncellas es sin cuento,
pero es única y sola
mi amada, mi paloma,
única y predilecta de su madre,
y sin par entre todas.
En cuanto que la ven,
las reinas y las damas
todas son a alabarla.

El deseo de Salomón

Mi esposo, que entre lirios apacienta

10 מִי־זֹאת הַנִּשְׁקָפָה כְּמוֹ־שָׁחַר יָפָה כַלְּבָנָה
בָּרָה כַּחַמָּה אֲיֻמָּה כַּנִּדְגָּלוֹת׃

11 אֶל־גִּנַּת אֱגוֹז יָרַדְתִּי לִרְאוֹת בְּאִבֵּי הַנָּחַל
לִרְאוֹת הֲפָרְחָה הַגֶּפֶן הֵנֵצוּ הָרִמֹּנִים׃

12 לֹא יָדַעְתִּי נַפְשִׁי שָׂמַתְנִי מַרְכְּבוֹת עַמִּי־נָדִיב׃

EL CORO
¿Quién es esa que se alza,
como naciente aurora,
bella como la luna,
radiante como el sol,
terrible como escuadras en batalla?

EL ESPOSO
Bajé a la nozaleda,
para ver cómo el valle verdeguea,
y si estaban en cierne ya las viñas,
y habían florecido los granados.

LA ESPOSA
Sin saber cómo y cuándo, mi deseo
tornóme en veloz carro,
para la hija de mi noble pueblo.

7

7 1 שׁ֤וּבִי שׁ֙וּבִי֙ הַשּׁ֣וּלַמִּ֔ית שׁ֥וּבִי שׁ֖וּבִי וְנֶֽחֱזֶה־בָּ֑ךְ
מַה־תֶּֽחֱזוּ֙ בַּשּׁ֣וּלַמִּ֔ית כִּמְחֹלַ֖ת הַֽמַּחֲנָֽיִם׃
2 מַה־יָּפ֧וּ פְעָמַ֛יִךְ בַּנְּעָלִ֖ים בַּת־נָדִ֑יב
חַמּוּקֵ֣י יְרֵכַ֔יִךְ כְּמ֣וֹ חֲלָאִ֔ים מַעֲשֵׂ֖ה יְדֵ֥י אָמָּֽן׃
3 שָׁרְרֵךְ֙ אַגַּ֣ן הַסַּ֔הַר אַל־יֶחְסַ֖ר הַמָּ֑זֶג
בִּטְנֵךְ֙ עֲרֵמַ֣ת חִטִּ֔ים סוּגָ֖ה בַּשּׁוֹשַׁנִּֽים׃
4 שְׁנֵ֥י שָׁדַ֛יִךְ כִּשְׁנֵ֥י עֳפָרִ֖ים תָּאֳמֵ֥י צְבִיָּֽה׃
5 צַוָּארֵ֖ךְ כְּמִגְדַּ֣ל הַשֵּׁ֑ן
עֵינַ֜יִךְ בְּרֵכ֣וֹת בְּחֶשְׁבּ֗וֹן עַל־שַׁ֙עַר֙ בַּת־רַבִּ֔ים
אַפֵּךְ֙ כְּמִגְדַּ֣ל הַלְּבָנ֔וֹן צוֹפֶ֖ה פְּנֵ֥י דַמָּֽשֶׂק׃

7

EL CORO
Torna, ven, Sulamita, torna, torna,
ven, torna, que podamos contemplarte.

LA ESPOSA
¿Y qué es lo que de mí ver deseáis,
partidas en dos coros?

EL CORO
¡Qué lindos son tus pies en las sandalias,
hija de insignes reyes!
Es tu contorno el de preciosa joya,
labrada por la mano
del más hábil orífice.
Es tu seno cual ánfora,
siempre llena de vino generoso;
como montón de trigo,
rodeado de lirios.
Son tus pechos gemelos de gacela,
y tu cuello una torre de marfil.
Tus ojos dos piscinas de Hesebón,
cercanas a la puerta Bat-Rabím.
Tu talle es semejante
a la torre del Líbano,
frontera de Damasco,

La bailarina

6 רֹאשֵׁךְ עָלַיִךְ כַּכַּרְמֶל וְדַלַּת רֹאשֵׁךְ כָּאַרְגָּמָן
מֶלֶךְ אָסוּר בָּרְהָטִים׃
7 מַה־יָּפִית וּמַה־נָּעַמְתְּ אַהֲבָה בַּתַּעֲנוּגִים׃
8 זֹאת קוֹמָתֵךְ דָּמְתָה לְתָמָר וְשָׁדַיִךְ לְאַשְׁכֹּלוֹת׃
9 אָמַרְתִּי אֶעֱלֶה בְתָמָר אֹחֲזָה בְּסַנְסִנָּיו
וְיִהְיוּ־נָא שָׁדַיִךְ כְּאֶשְׁכְּלוֹת הַגֶּפֶן
וְרֵיחַ אַפֵּךְ כַּתַּפּוּחִים׃
10 וְחִכֵּךְ כְּיֵין הַטּוֹב הוֹלֵךְ לְדוֹדִי לְמֵישָׁרִים
דּוֹבֵב שִׂפְתֵי יְשֵׁנִים׃
11 אֲנִי לְדוֹדִי וְעָלַי תְּשׁוּקָתוֹ׃
12 לְכָה דוֹדִי נֵצֵא הַשָּׂדֶה נָלִינָה בַּכְּפָרִים׃
13 נַשְׁכִּימָה לַכְּרָמִים
נִרְאֶה אִם פָּרְחָה הַגֶּפֶן
פִּתַּח הַסְּמָדַר
הֵנֵצוּ הָרִמּוֹנִים
שָׁם אֶתֵּן אֶת־דֹּדַי לָךְ׃
14 הַדּוּדָאִים נָתְנוּ־רֵיחַ וְעַל־פְּתָחֵינוּ כָּל־מְגָדִים
חֲדָשִׁים גַּם־יְשָׁנִים דּוֹדִי צָפַנְתִּי לָךְ׃

tu cabeza a la cima del Carmelo.
Tus cabellos son púrpura real
diestramente trenzada.

EL ESPOSO
Eres, amada mía, graciosísima,
todo amor y delicia de mi alma.
Eres esbelta como la palmera,
son racimos de dátiles tus pechos.
Me he dicho: Subir quiero a la palmera,
a coger sus racimos.
para mí los racimos de tus pechos,
y para mí el aliento de tu boca,
aroma de manzanas.
Que es suave tu boca, como el vino,
que entre labios y dientes
sin sentir se desliza.

LA ESPOSA
Yo soy para mi amado,
mi amado para mí.
Ven, ven, amado mío,
corramos por los campos,
pasaremos las noches en las granjas,
de madrugada iremos a las viñas,
a ver si están ya en cierne,
si se abren los capullos de las flores,
y si ya han florecido los granados.
Ven, que allí mis amores te daré.
Ya exhala su perfume la mandrágora,
comeremos los frutos exquisitos,
que tengo reservados para ti,
los nuevos, los añejos.

8

8 1 מִ֤י יִתֶּנְךָ֙ כְּאָ֣ח לִ֔י יוֹנֵ֖ק שְׁדֵ֣י אִמִּ֑י
אֶמְצָאֲךָ֤ בַחוּץ֙ אֶשָּׁ֣קְךָ֔ גַּ֖ם לֹא־יָב֥וּזוּ לִֽי׃

2 אֶנְהָֽגְךָ֗ אֲבִיאֲךָ֛ אֶל־בֵּ֥ית אִמִּ֖י תְּלַמְּדֵ֑נִי
אַשְׁקְךָ֙ מִיַּ֣יִן הָרֶ֔קַח מֵעֲסִ֖יס רִמֹּנִֽי׃

3 שְׂמֹאלוֹ֙ תַּ֣חַת רֹאשִׁ֔י וִימִינ֖וֹ תְּחַבְּקֵֽנִי׃

4 הִשְׁבַּ֥עְתִּי אֶתְכֶ֖ם בְּנ֣וֹת יְרוּשָׁלִָ֑ם
מַה־תָּעִ֧ירוּ ׀ וּֽמַה־תְּעֹֽרְר֛וּ אֶת־הָאַהֲבָ֖ה עַ֥ד שֶׁתֶּחְפָּֽץ׃

5 מִ֣י זֹ֗את עֹלָה֙ מִן־הַמִּדְבָּ֔ר מִתְרַפֶּ֖קֶת עַל־דּוֹדָ֑הּ
תַּ֤חַת הַתַּפּ֙וּחַ֙ עֽוֹרַרְתִּ֔יךָ שָׁ֚מָּה חִבְּלַ֣תְךָ אִמֶּ֔ךָ
שָׁ֖מָּה חִבְּלָ֥ה יְלָדַֽתְךָ׃

8

¡Oh, si fueses mi hermano, esposo mío,
atetado a los pechos de mi madre,
que pudiera besarte sin que nadie
se burlase de mí!
Te llevaría a casa de mi madre,
daríate a beber vino adobado
y mosto de granadas.
Está su izquierda bajo mi cabeza
y su diestra me abraza.

EL ESPOSO
¡Oh hijas de Salem, por las gacelas
y las cabras monteses os conjuro,
no inquietéis a la amada, despertándola,
mientras no quiera ella!

EL CORO
¿Quién es esta, que sube del desierto
apoyada en el brazo del amado?

Aroma de manzanas

6 שִׂימֵנִי כַחוֹתָם עַל־לִבֶּךָ כַּחוֹתָם עַל־זְרוֹעֶךָ
כִּי־עַזָּה כַמָּוֶת אַהֲבָה קָשָׁה כִשְׁאוֹל קִנְאָה
רְשָׁפֶיהָ רִשְׁפֵּי אֵשׁ שַׁלְהֶבֶתְיָה׃
7 מַיִם רַבִּים לֹא יוּכְלוּ לְכַבּוֹת אֶת־הָאַהֲבָה
וּנְהָרוֹת לֹא יִשְׁטְפוּהָ
אִם־יִתֵּן אִישׁ אֶת־כָּל־הוֹן בֵּיתוֹ בָּאַהֲבָה בּוֹז יָבוּזוּ לוֹ׃
8 אָחוֹת לָנוּ קְטַנָּה וְשָׁדַיִם אֵין לָהּ
מַה־נַּעֲשֶׂה לַאֲחֹתֵנוּ בַּיּוֹם שֶׁיְּדֻבַּר־בָּהּ׃
9 אִם־חוֹמָה הִיא נִבְנֶה עָלֶיהָ טִירַת כָּסֶף
וְאִם־דֶּלֶת הִיא נָצוּר עָלֶיהָ לוּחַ אָרֶז׃

EL ESPOSO
Te doy vida debajo del manzano,
allí donde tu madre pereció.
Ponerme has como sello
sobre tu corazón,
llevarme como sello sobre el brazo,
que es ávido el amor, más que la muerte,
y son duros los celos, más que el Orco.
Más que llamas de fuego son sus llamas,
son llamas de Yavé,
y las aguas no pueden apagarle,
por copiosas que sean,
y no pueden los ríos arrastrarle.
Quien su hacienda con todos sus tesoros
en precio del amor dar pretendiese,
sería despreciado de los hombres.

EL CORO
Tenemos una hermana pequeñita,
aún no tiene pechos.
El día en que se trate de sus bodas,
si queremos cantarla, ¿qué la haremos?
Si la hacemos muralla, le pondremos
almenaje de plata,
y si puerta la hacemos le pondremos
entramados de cedro.

Son mis pechos dos almenadas torres

10 אֲנִי חוֹמָה וְשָׁדַי כַּמִּגְדָּלוֹת
אָז הָיִיתִי בְעֵינָיו כְּמוֹצְאֵת שָׁלוֹם׃
11 כֶּרֶם הָיָה לִשְׁלֹמֹה בְּבַעַל הָמוֹן
נָתַן אֶת־הַכֶּרֶם לַנֹּטְרִים
אִישׁ יָבִא בְּפִרְיוֹ אֶלֶף כָּסֶף׃
12 כַּרְמִי שֶׁלִּי לְפָנָי הָאֶלֶף לְךָ שְׁלֹמֹה
וּמָאתַיִם לְנֹטְרִים אֶת־פִּרְיוֹ׃
13 הַיּוֹשֶׁבֶת בַּגַּנִּים חֲבֵרִים מַקְשִׁיבִים לְקוֹלֵךְ
הַשְׁמִיעִנִי׃
14 בְּרַח ׀ דּוֹדִי וּדְמֵה־לְךָ לִצְבִי
אוֹ לְעֹפֶר הָאַיָּלִים עַל הָרֵי בְשָׂמִים׃

LA ESPOSA
Sí, sí, muralla soy, y son mis pechos
dos almenadas torres,
pero soy a sus ojos,
como quien a la fin halló la paz.

EL CORO
Hízose Salomón en Bal-Hamón
una excelente viña.
Confió su cultivo y su custodia
a buenos viñadores, que le dieran
sus mil siclos de plata por los frutos.

LA ESPOSA
Mi viña ya la tengo a mi cuidado,
tú, Salomón, tendrás esos mil siclos
y otros doscientos más para los guardas.

EL ESPOSO
Oh bella moradora de jardines,
los compañeros quieren escucharte,
haznos oír tu voz.

LA ESPOSA
Corre, mi amado, corre,
imita en tu correr a la gacela,
imita al cervatillo,
por entre las fragantes balsameras.

Corramos por los campos

BREVE COMENTARIO

1. 3, 4. La exacta correspondencia entre 1. 1-3 y 1. 4 hacen que 1. 4 deba ponerse en boca del coro y 1. 1-3 en boca de la esposa. No se explicaría, ni que todo fuera de la esposa, como quieren algunos; ni que todo fuera del coro, como pretenden otros.

1. 5, 6; un apóstrofe de la esposa al coro de doncellas, en que, como para más excitarlas a su amor y a participar con ella en su dicha, les dice que es amable, aunque morena; morenez que compara a la de las tiendas de Cédar y a la del toldo de la tienda de Salomón. A primera vista no aparece la razón de unir ambos términos de comparación, si lo de la tienda de Salomón se interpreta en sentido propio, pues no se percibe qué tengan que ver las tiendas de los árabes del desierto, que, como hechas generalmente de pelo de cabra, tienen un color moreno, más bien negro, con la tienda de Salomón, de quien sabemos que no habitó en tiendas, sino en magnífico palacio. La clave del enigma es probablemente que Salomón, cuando se menciona en el poema, es siempre, como veremos, símbolo de Yavé, pues como primer heredero de las promesas mesiánicas hechas a David, su padre, es en las Escrituras muchas veces tipo del rey Mesías. En este caso, la tienda de Salomón sería el tabernáculo de la alianza, que desde el Sinaí, fue en medio de Israel a través del desierto el tabernáculo de Yavé. Las tiendas de Cédar no serían las tiendas de los nómadas del desierto, sino las que habitó Israel en torno del tabernáculo durante todo el tiempo de su peregrinación por el desierto. Sería, pues, la doble comparación, una alusión al origen del pueblo de Israel, a su salida de Egipto y a su peregrinación por el desierto.

6. Da la esposa la razón de su morenez: Es que los hijos de su misma madre, es decir, los otros pueblos, como ella descendientes de la madre común, Eva, la pusieron a guardar viñas, y por eso la quemó el sol. La esposa aparece en el canto con madre y hermanos; nunca se hace mención de su padre, y en este punto los hermanos parecen ser los Egipcios, que a tan dura servidumbre redujeron a Israel. La viña propia era la tierra de Canán, de la cual se vio alejada durante su estancia en Egipto.

7. La esposa se dirige al esposo, a quien describe como pastor, y le pregunta por el lugar donde apacienta su rebaño. Son innumerables los lugares de la Escritura en que se dice que Yavé es el pastor de Israel, e Israel el rebaño de Yavé. En el Nuevo Testamento, el Mesías, Cristo Jesús, se nos presenta él mismo como el Buen pastor, el pastor por excelencia. La parábola del Buen pastor es un bellísimo resumen de toda esta doctrina del Antiguo Testamento; y Jesús, al pronunciarla, se presenta como igual a Yavé. No es tan claro el simbolismo de los compañeros y sus ganados; algunos intérpretes ven en ellos a los *elohím* o ángeles, a quienes está encomendada la guarda de las naciones (*Daniel,* 10. 13). También pudieran ser un elemento introducido solamente para completar la belleza del cuadro literario, que es lo que parece más probable.

8. Es la contestación del esposo a la pregunta de la esposa. Los cabritos de la esposa son los israelitas.

9. Al requiebro de «bella entre la bellas», añade el esposo la comparación con una yegua del carro del Faraón, que parece en sí demasiado chocante, mas no lo es tanto si suponemos que la comparación tiene por término no la yegua en sí, sino el adorno de que los tiros de estos carros de guerra solían revestirse, verdaderamente rico y espléndido.

10. Prosigue la descripción de la belleza de la esposa, cuyas mejillas se dicen dos mitades de granada entre las guedejas, y cuyo cuello, con los collares, se dice torre de marfil. Las metáforas son bellas ambas, aunque un poco chocante para nuestros gustos la segunda. El simbolismo de estas dos metáforas no es claro, aunque la segunda pudiera recordar la belleza espiritual que da a la esposa la Ley de Yavé (*Proverbios,* 1. 8, 9).

11. Este verso es sinónimamente paralelo del 10, y también lo es, por tanto, su significación

12. El rey es Yavé que, sentado en su diván, asiste al banquete, que simbólicamente representa el reino de los cielos (*Mateo,* 26. 29; *Apocalipsis,* 19. 9). El nardo, lo mismo que la mirra y la alheña de los versos siguientes, son probablemente las virtudes que adornan el alma de la esposa, sin que podamos ver en particular cuál de ellas determinadamente simboliza cada uno de estos perfumes. El descansar la bolsita de mirra entre los pechos parece una alusión a la costumbre de llevar así las mujeres este perfume. La alheña de las viñas de Engadi sería de la más aromática de la Palestina.

15. Vuelve el esposo a encarecer la belleza espiritual de la esposa, y dice que sus ojos son palomas. La misma metáfora se repite después en 5. 12; aunque ampliada, como veremos después en este lugar. El comparar varias partes del cuerpo de la esposa a ciertos animales, no a las partes de ellos correspondientes a las del de la esposa: los ojos, a la paloma; los cabellos, a la cabra; los dientes, a la oveja; los pechos, a los cervatillos; tiende a atribuir a esas partes la cualidad característica de esos animales: de la paloma, el candor y la inocencia; de la cabra, el color negro y el aspecto ondulante cuando en rebaño descienden de los montes; de la oveja, la blancura cuando asciende del lavadero; del cervatillo, la juguetona viveza y movilidad.

16. Al requiebro del esposo, responde un paralelo sinónimo de la esposa, que llama al esposo bello y encantador. El segundo miembro de este verso, más que con el primero, debe unirse con el verso 17, en que se describe la morada de los esposos. Es un pabellón de verdura, cuyos postes son de cedro y las vigas de ciprés. Esta morada es el templo, en cuya construcción se emplearon con profusión el cedro y el ciprés. Lo del verdor quizá es una alusión a las tiendas de ramas de árboles que se hacían los israelitas en las fiestas de los tabernáculos.

2. 1-3. Se compara la esposa a una florecita de las que abundan en los llanos de Saron, y al lirio de los valles, flores humildes, pero bellas y graciosas, y a esta comparación de humildad, responde el esposo exaltándola, al decir en el verso 2 que lo que es el lirio entre los cardos, eso es su esposa entre las mujeres; requiebro al que contesta la esposa diciendo en el verso 3 que lo que es el manzano entre los árboles silvestres, eso es el esposo entre los mancebos, y expresa la dicha de morar a su sombra y gustar sus ricos frutos; es una nueva alegoría del templo de Yavé y de las dulzuras de su presencia en medio de Israel.

4. La sala del banquete es un rasgo característico de las bodas (*Jueces,* 14. 10; *Mateo,* 22. 1 y siguientes; 25. 10; 26. 29; *Juan,* 2. 1 y siguientes; *Apocalipsis,* 12. 9). La esposa, desfalleciente de amor, pide la conforten con tortas hechas de pasas, golosina de uso en Palestina (*Oseas,* 3. 1), y con dulce de manzanas. Es el deliquio de amor de la esposa, que necesita ser confortada para no desfallecer del todo.

6. La intimidad y la segura tranquilidad de la unión con Yavé, las expresa la esposa en el verso 6, que se repite luego en 8. 3, y probablemente ha desaparecido antes de 3. 5. La metáfora de estar la izquierda del esposo bajo su cabeza y tenerla abrazada con la derecha, a la cual sigue en todos estos lugares la abjuración del esposo, verso 7, a las hijas de Jerusalén, es decir, a las gentes, por las cabras monteses y las gacelas, de no inquietar ni despertar a la esposa y dejarla reposar hasta que ella quiera; es decir, no perturbar la unión mientras ella sea fiel; separa cada una de las cuatro partes en que se divide el poema. No se ve qué puedan simbolizar las gacelas y las cabras monteses. Quizá no son más que un complemento estético de una abjuración de pastor.

8-14. La esposa, que, como después se dice, está escondida en las quiebras de las rocas, oye los pasos del esposo, que viene saltando por los montes, triscando por los collados, como una gacela o un cervato. Los montes y collados son los caminos antiguos de Yavé (*Habacuc,* 3. 6); por donde marcha Él para libertar a su pueblo. Llega a la morada de la esposa y la llama a sí, invitándola a salir, pues ha pasado ya el invierno; es decir, el tiempo de la dura prueba, y ha llegado ya la primavera, el tiempo de la liberación. Esta invitación es de lo más bello del Cantar, y al mismo tiempo de lo menos alegórico, pues todas las metáforas no vienen a ser más que una descripción de la primavera, y si hay alegoría, es la alegoría general de la primavera en la tierra de Palestina.

Las raposas y chacales, muy abundantes en Palestina, hacen grandes estragos en las viñas, y simbolizan a los enemigos del pueblo y de la religión de Israel.

Yavé es el pastor de Israel, y los israelitas piadosos, son los lirios entre que apacienta Yavé su pueblo.

La alegoría, si la hay, es difícil de explicar.

3. 1. La escena cambia. Es de noche, y durante ella la esposa busca anhelante en su lecho al esposo, sin hallarle. Es el anhelo insatisfecho de hallar a Yavé durante la noche de la cautividad.

2. El poeta describe, al parecer sin intención alegórica, las ansias de una esposa que ha perdido al esposo y no le halla.

3. No se ve fácilmente la significación alegórica de los guardas que hacen la ronda por la ciudad; quizá no son más que un complemento estético de la descripción poética de la misma búsqueda de la esposa.

4. Apenas ha dejado atrás a los guardas nocturnos, se encuentra con el esposo, a quien se coge y no quiere

dejar, hasta llevarle a la casa de su madre, probablemente la ciudad de Jerusalén, e introducirle en su cámara, el templo, donde reposará tranquila en íntima unión con él, pues probablemente hay que restituir aquí las palabras: «Su izquierda está debajo de mi cabeza y su derecha me abraza», que preceden a la adjuración en 2. 6, y 8. 3.

5. Es la misma adjuración de 2. 6.

6. Estas palabras se ponen en boca de las hijas de Jerusalén; las gentes, que ven en lontananza, subiendo del desierto de la cautividad, algo parecido a una columna de incienso y mirra y de todos los más exquisitos perfumes, el pueblo redimido.

7. Ya más cerca, descubren la litera de Salomón. Como Salomón en todo el Cantar simboliza a Yavé, parece introducir aquí el poeta en la visión de la vuelta de la cautividad, un elemento que va en medio del pueblo redimido, a semejanza del arca de Yavé, que acompañó al pueblo durante su peregrinación por el desierto. Va rodeada de sesenta expertos guerreros, 8, todos diestros y valientes, que la defiendan de las sorpresas nocturnas, las incursiones de los pueblos enemigos.

9 y 10. Describen el lugar donde Yavé va a celebrar sus bodas con la esposa, siendo la descripción alusiva al templo de Salomón, en cuya edificación fueron profusamente empleados el cedro del Líbano, el ciprés, el oro, la plata y los tejidos de púrpura.

11. Es una invitación a las hijas de Sión, que en otros lugares son llamadas hijas de Jerusalén, quizá con la intención de indicar que los invitados aquí no son las gentes, sino los habitantes de la nueva Jerusalén, para que vean

al rey Salomón, a Yavé, en toda la esplendidez y magnificencia de que su madre, probablemente la esposa misma, presentada bajo otro símbolo, le ha revestido y rodeado en el día de sus bodas.

4. 1-6. De nuevo el esposo, poniendo sus ojos en la esposa, elogia su hermosura con una serie de metáforas y comparaciones a cuál más bella, aunque algunas parezcan no muy ajustadas a nuestros gustos. El elogio va describiendo por partes la belleza de la esposa, y se termina con la promesa del esposo de ir «al monte de la mirra y al collado del incienso», probablemente el monte del templo, Sión. Va seguido 8, de una invitación a la esposa, de venir de una serie de montes, el Líbano, el Amana, el Sanir y el Hermón, todos al norte de la Palestina, que parecen indicar el camino de la vuelta de la cautividad; y a salir del cubil de los leones, de la guarida de los tigres; es decir, de la tierra de la cautividad; y viene luego otra nueva serie de requiebros, 9-12, en que el esposo pondera el amor que siente por la esposa.

No es probable que todas las metáforas descriptivas de la hermosura de la esposa tengan significación alegórica; parecen más bien ser un cuadro completo de belleza.

7-13. 7 resume la descripción, con la afirmación de que es toda bella y no hay en ella mancha alguna. A continuación de la invitación a venir, de que ya hemos hablado, dice el esposo, 9, que la esposa le ha robado el corazón, que quedó prendido en su primera mirada, en el collar que adorna su garganta, y, 10, que sus amores son mejores que el vino. 11. La Palestina es la tierra que mana leche y miel. En el 12 se compara la esposa a una fuente de aguas vivas, tan estimada, que está cerrada con puerta y sellada, aludiendo, probablemente, al río del templo, que tanta importancia tiene en la descripción alegórica del nuevo templo (*Ezequiel*, 47, 1 y sigs.). 13. Sus aguas riegan un jardín, que es un verdadero paraíso, en que abundan todas las plantas aromáticas. Es el jardín del esposo.

5. 1. El jardín del esposo es indudablemente la Palestina, la Tierra Santa, que mana leche y miel, como repetidamente se dice en las Escrituras, y en que crecen muchas plantas aromáticas. Invita el esposo a sus compañeros a comer y beber los ricos frutos de su jardín hasta saciarse y embriagarse de los bienes de la tierra restaurada, que en abundancia suma prometen los profetas para el tiempo de la restauración mesiánica.

2. La esposa, en un monólogo, expone su vigilante espera de la venida del esposo. Mientras así, anhelante le espera, el esposo llama a la puerta, y llamándola su hermana, su amada, su paloma, toda hermosa, pide que le abra, pues su cabeza está impregnada de rocío y sus cabellos cubiertos de la escarcha de la noche. La noche es la cautividad, el rocío y la escarcha elementos poéticos descriptivos de la noche fría, y quizá simbolizan la frialdad del ánimo, mostrada durante la cautividad.

3. La esposa vacila. No es fácil descubrir el simbolismo de estas vacilaciones y de los motivos para ellas alegados. Pudieran ser símbolo de las vacilaciones de Israel, cautivo, para convertirse a Dios de todo corazón y salir resuelta y decididamente a su encuentro, cuando oye que Dios tan amorosamente le llama.

4. La imagen no es clara para quien no conozca cómo eran estas antiguas cerraduras en Oriente. Era la cerradura un trozo de madera hueco, por el cual corre un pestillo agujereado en varios puntos, dentro de los cuales, al correrse para cerrar o abrir, entran o salen unas clavijas, quedando así cerrada o abierta la puerta. Esta operación se hace ordinariamente con una llave, pero el agujero para esta es suficiente para que por él se introduzca la mano, y pueda pretenderse levantar con ella las clavijas y así abrir; aunque no muy fácil, la cosa es posible. En cuanto al simbolismo de la imagen, parece claro. El esposo no solo llama a la puerta, quiere forzar la entrada, es tal el amor, que por Israel siente Dios, que no solo le llama repetidamente a penitencia, sino que hasta casi, como muchas veces hallamos en los profetas, le obliga, le fuerza, a volver a Él.

5. Lo dicho antes nos explica claramente cómo, al introducir la mano el esposo, han dejado sus dedos el pestillo impregnado de la exquisita mirra que los perfumaba, y de ella gotean las manos de la esposa al tocar el pestillo para abrir. Al contrario, no se ve el simbolismo de la mirra en este lugar con toda claridad.

6. La esposa, al abrir, se encuentra con el castigo de sus vacilaciones: el esposo se ha apartado, se ha ido; le busca y no le halla, le llama y no responde. Son muchas las veces que hallamos en los profetas que Israel, en castigo de no responder al llamamiento de Dios, le buscará y no le hallará, le llamará y no recibirá respuesta, por no ser sincera su conversión.

7. Pero ahora la conversión es sincera, y la esposa sale en busca del esposo, y recorre la ciudad, cuyos guardas

nocturnos la golpean, la hieren y le arrancan el velo. Parecen los mismos que en el 3. 3 aparecen rondando la ciudad y reciben a la esposa sin hostilidad; aquí, a los que rondan la ciudad se unen los que hacen la centinela en las murallas, y unos y otros hostigan a la esposa. Allí dijimos que quizá no aparecían con significación simbólica y solo eran complemento estético de la búsqueda nocturna; mas aquí parece que con su violenta intervención son ya un verdadero símbolo. Quizá podamos ver en ellos a los atalayas y guías de Israel, que nos describen los profetas como causa principal del descarriamiento del pueblo, por cuanto reyes, príncipes, sacerdotes y profetas, lejos de ayudarle para buscar y hallar a su Dios, sirvieron para apartarle de Él; y lejos de apacentarle convenientemente, solo para saciar sus apetitos se sirvieron de él.

8. La esposa se dirige a las hijas de Jerusalén, a las naciones gentiles del tiempo mesiánico.

9. El coro de hijas de Jerusalén, que todavía no conocen al esposo, pregunta cómo es.

10. Con esta ocasión, la esposa hace un bellísimo elogio de la hermosura del esposo, que corresponde al hecho por el esposo en 4. 1 y siguientes de la hermosura de la esposa; movidas de él, se mostrarán después en el capítulo 6, verso 1, dispuestas a ir con ella en busca del esposo. El simbolismo es en esto bien claro. No lo es tanto en cada una de las partes del elogio de la belleza del esposo. No era fácil al poeta hacer una descripción de la santidad, bondad y majestad de Yavé, que no fuese demasiado antropomórfica, y de ahí que hallemos en ella rasgos que no parecen simbólicos, al lado de otros que parecen serlo.

Estos últimos, al menos en algunos de sus aspectos, parecen tomados del templo de Yavé construido por Salomón. Veamos, uno por uno, los detalles del elogio de la belleza del esposo.

Mi amado es blanco y rubio, se distingue entre mil.

11. Mientras que en todas estas metáforas no parece haber intención simbólica, y si la hay se nos escapa, en las siguientes ya parece haber alusiones al templo de Yavé, en que tan profusamente se emplearon el mármol y el cedro.

16. Su boca es toda dulzura y todo él es un encanto. En la metáfora de la boca parece haber intención de simbolizar la dulzura y suavidad de la divina Ley, que tantas veces cantan los salmos.

6. 1. ¿Y a dónde fue tu amado, oh hermosa entre las hermosas, a dónde fue tu amado que le busquemos contigo? La venida de las gentes a Dios, guiadas por el conocimiento que mediante Israel adquieren de Él, es uno de los rasgos más característicos de las profecías mesiánicas.

2. Mi amado ha bajado a su jardín, a los macizos de balsameras, para recrearse entre las flores y coger azucenas. En medio de Israel, en la tierra santa, entre sus elegidos y sus santos, es donde las gentes podrán hallar a Yavé.

3. Yo soy para mi amado y mi amado es para mí, el que entre lirios apacienta. Simbolizan estas metáforas la íntima unión de Israel y Yavé, que se complace en las almas santas de los israelitas fieles.

4. Por fin, el esposo se presenta a la esposa, y le manifiesta su amor con unos requiebros en que la compara a las dos ciudades capitales de los dos reinos en que se dividió

Israel. Tirsa, que fue la capital de los reyes del Norte, hasta Omrí; Jerusalén, la de los reyes del Sur. El simbolismo es claro, y más si se tiene en cuenta que es frecuentísimo el anuncio de que en los tiempos mesiánicos Israel se reunirá a Judá y formarán un solo reino, que ya no volverá a dividirse; para completar la descripción poética, termina comparándola, no por la belleza, sino por la terribilidad de la nueva situación para los enemigos, a escuadrones ordenados en batalla.

5-7. El esposo, al contemplar la hermosura de la esposa restaurada, su gallardía y su fuerza, le pide que aparte de él sus ojos, que le matan de amor, expresión frecuente de los enamorados, que piden eso a sus amadas, no obstante ser lo que más desean, mirarse en sus ojos. Sigue a todo esto el elogio de la belleza de la esposa, que es casi en todo la repetición de 4. 1 y siguientes. Quizá esta repetición, que comprende los versos 5-7, no está falta de intención simbólica; la belleza del Israel restaurado no es menor que la del Israel al tiempo de su elección y alianza con Yavé a la salida de Egipto. Las ligeras variantes que entre 5-7 y 4. 1-5 hallamos carecen de importancia. La tiene, sin embargo, el suprimirse en el segundo elogio la comparación con la torre de David, que se halla en el primero, probablemente por no convenir semejante imagen al Israel de la restauración.

8-10. Son muchas las naciones, son muchos los pueblos que vendrán a Yavé y con él se desposarán y unirán en los tiempos mesiánicos, según repiten frecuentemente los profetas; todas las naciones, todos los pueblos de la tierra; y aunque en el reino del Mesías no habrá ya judío ni griego, bárbaro ni escita, como dice San Pablo, sin embargo, Israel, el pueblo elegido, será siempre el predilecto de Dios, porque, según el mismo San Pablo, *salus ex iudaeis,* y de su retorno a Dios habrá de venir una gloria singular a la Iglesia de Cristo. Es en este aspecto la única, la preferida de su madre, de la madre común, Eva, «la predilecta de la que la engendró», miembro enteramente paralelo del primero, en cuya repetición no parece haber otra intención que la de guardar el paralelismo, tan característico y propio de la poesía hebrea. Todas las doncellas, al verla, la aclaman, y la alaban las reinas y las concubinas. Es el cumplimiento de las profecías, que nos presentan a todas las naciones de la tierra bendiciendo y alabando al Israel de Dios, y deseando participar con él en la bienaventuranza de la redención. Estas loas de las naciones son las que expresa el verso 10, al poner en boca del coro las palabras: «¿Quién es esa que se alza como aurora, hermosa cual la luna, espléndida como el sol, terrible como escuadrones ordenados en batalla?)». Es el canto universal a la espléndida gloria de Israel, redimido por el Mesías, que tan bellamente canta Isaías.

11. Estas palabras parece que deben ponerse en boca del esposo, que es quien viene hablando, antes de introducir el poeta al coro. A la viña y al granado, tan abundantes en la Palestina, se asocia aquí el nogal, de que por cierto no se halla mención en ningún otro lugar de la Sagrada Escritura. Probablemente era ya árbol que abundaba en esta tierra, aunque no es indígena de ella. Si supiéramos la época en que fue importado, quizá de Persia, este dato nos serviría para determinar la época de nuestro poema; mas

nada de eso sabemos. Baja el esposo a su jardín para ver si verdea el valle, si florecen la viña y el granado; es decir, si es llegada ya la primavera, el tiempo en sus designios determinado para la redención.

12. Este verso es de los más oscuros, quizá lo más oscuro del cantar. Se pone en boca de la esposa. El texto masorético parece que debe traducirse: «Sin saber cómo, mi alma (¿mi deseo?) me convirtió en carro del noble pueblo». Los LXX y la Vulgata han interpretado las dos últimas palabras como nombre propio, Aminadab, personaje que nos es enteramente desconocido. La interpretación más probable parece ser que el deseo ardiente que la esposa tiene de la restauración la convirtió de improviso, sin saber cómo, en carro, para traer al pueblo redimido, de la tierra de la cautividad al jardín de Yavé, a la Palestina.

7. 1-6. La probabilidad de esta interpretación parece confirmarse por las exclamaciones del coro que siguen a continuación. Al ver a la esposa correr en busca del pueblo, exclaman: Vuelve, vuelve, Sulamita; vuelve, vuelve, que podamos contemplarte. Es la primera vez que en el canto se da a la esposa este nombre, que es quizá un derivado del nombre de Salem, aludiendo el poeta al deseo de las gentes de ver a Israel en toda su gloria y en la tranquila paz con que los profetas, principalmente Isaías, describen el reino mesiánico. «¿Qué es lo que deseáis ver de la Sulamita —responde la esposa—, divididas en dos coros?». El simbolismo es bastante claro. Las doncellas simbolizan a las naciones gentiles deseosas de participar en la dicha gloriosa del Israel restaurado, como tantas veces nos la presentan

los profetas. El rey a que se refieren es Yavé, rey del pueblo de Israel, y quizá, mejor aún, el rey Mesías. Las estancias del rey, en que desean ser introducidas, son el templo de la restauración. Otros intérpretes ponen esta pregunta en boca del esposo, para provocar el elogio que de la esposa hacen seguidamente las naciones y que van alternativamente cantando las dos partes del coro. En este elogio son muy de notar las alusiones a los pies y las piernas, verso 2, como si el poeta quisiese presentarnos a la esposa en su viaje de vuelta a la tierra bendita; en las alusiones a la fecundidad, el ombligo, el vientre, verso 3, que compara a un ánfora en que no falta nunca el vino, y a un montón de trigo rodeado de lirios; a los pechos que, como siempre, se comparan a dos juguetones cervatillos; al cuello, firme y erguido como torre de marfil, verso 5; los ojos que compara a las claras aguas de las piscinas de Hesebón, junto a la puerta de Bat Rabim, verso 6; a la nariz, que compara a la torre del Líbano, frontera de Damasco, verso 6; a la cabellera, flotante y ondulante, como el monte Carmelo, y trenzada como púrpura real entretejida; sobre todo, las alusiones geográficas parecen encerrar la intención de describirnos a la esposa volviendo de la cautividad para entrar de nuevo en la tierra de promisión.

7. De nuevo el esposo dirige requiebros a la esposa, que no son ya una descripción más o menos acabada de su belleza, sino la unión de unos cuantos rasgos, los más aptos para expresar el ardiente deseo de unirse a la esposa y gozar su amor.

11. A los requiebros del esposo responde la esposa diciendo que es para su amado, y el blanco de todos sus

anhelos, e invitándole a entrar de nuevo con ella en la Palestina; que es llegado el tiempo, la primavera, pues aunque no se hace mención de esta, las imágenes que emplea el poeta son, en gran parte, las mismas que en el 12. 10 y siguientes empleó para describir la primavera.

12. «Allí te daré mis amores.» Allí, en la Palestina de la restauración, mostrará Israel a Yavé todo su amor, alzándole un templo nuevo, honrándole con sus sacrificios, cantándole incesantemente himnos de alabanza.

14. Después de las imágenes para pintar la primavera, trae el poeta algunas otras que parecen indicar el tiempo de la recolección: «La mandrágora exhala ya su perfume y abundan en nuestras puertas los más exquisitos frutos, los nuevos y los añejos, que yo guardo para ti, amado mío». Rubén encontró en el campo las mandrágoras, al tiempo de la siega de los trigos. En las puertas; es decir, en el campo aquí, abundan los frutos nuevos, y los añejos los tiene la esposa reservados en su casa; es el símbolo de los frutos de amor y obediencia, que el nuevo Israel dará a su Dios en la tierra de la restauración.

8. 1, 2. En este capítulo final llega el poeta al punto culminante del mesianismo de su poema. Así lo reconoce la tradición judía. El Targum, que en todo el resto del poema identifica al esposo con Yavé, aquí explica los versos 1 y 2 del Mesías. No es, cierto, que para el targumista el Mesías sea Yavé, el esposo de Israel, no llega a tanto; mas para nosotros eso importa bien poco, nos basta que es al Mesías a quien esos versos refiere; la identificación a que él no llega, viene de por sí en la revelación subsiguiente.

Es sorprendente en extremo, a primera vista, el deseo que aquí manifiesta la esposa: «Que el esposo sea hermano suyo, amamantado a los pechos de la misma madre»; ya el esposo la ha llamado en el poema varias veces (4. 9, 10, 12, 5. 1) hermana; pero en la boca del esposo esta apelación parece ser una condescendencia amorosa. Ella nunca se ha atrevido a llamarle hermano, como si estuviera penetrada de la infinita superioridad del esposo; y aun aquí no le llama hermano, sino que solamente expresa el deseo de que lo sea. ¿Es que siente hacia él un afecto nuevo, el fraternal? Este sería mucho menor del que ya siente, el conyugal; cuanto aquel es inferior a este. No puede concebirse así la mente del autor. Pone en boca de la esposa una sublime, suprema aspiración. Su esposo es Dios, y como tal infinitamente superior a ella; aunque haya condescendido a desposarse con ella, la infinita distancia la deprime; quisiera que el Divino Esposo se hiciera igual a ella, tuviese su misma naturaleza, fuese hijo de su misma madre, Eva, amamantado a los pechos de la misma que a ella la amamantó. No es posible ver en estos anhelos simples metáforas, expresión de un nuevo matiz del amor que por el esposo siente. En la mente del poeta hay una cierta identificación entre Yavé, el esposo, y el Mesías, y esta identificación por parte del autor, hace suponer, o una ilustración sobrenatural, en virtud de la cual el Espíritu Santo le dio a conocer el supremo misterio de la Encarnación, por el cual Dios se hizo Hombre y como Hombre Dios fue el Mesías de Israel, o, por lo menos, una singular ilustración sobrenatural, en virtud de la cual vio con más claridad lo que con cierta oscuridad se contenía en profecías anteriores respecto de la divina naturaleza del Mesías. (Véanse *Isaías,* 2. 3; 54. 12; *Miqueas,* 4. 2; *Aguo,* 2. 7-9; *Malaquías,* 3. 1). Pone, pues, en boca de la esposa en una forma poética, el supremo anhelo de ver al esposo en forma humana, hecho hombre, para ir a su encuentro, besarle sin temor alguno e introducirle en la casa de su madre, el templo, para recibir en él sus enseñanzas, y regalarle, con lo mejor de lo suyo, el vino aromatizado y el mosto de granados.

3-4. Es una repetición del 2. 6, que probablemente hay que suplir también en 3. 4. Precede en todos estos lugares a la abjuración de la esposa a las hijas de Jerusalén, verso 4, para que no perturben la quieta y tranquila unión del esposo con la esposa. (Véase lo dicho en 2. 6).

5. «¿Quién es esta que sube del desierto, apoyada sobre el brazo de su amado?» Estas palabras se ponen en boca del coro, de las naciones, que contemplan la subida a Jerusalén de la esposa apoyada en el esposo, viniendo de la cautividad. En los profetas, es el mismo Yavé quien conducirá a Jerusalén al Israel redimido. (Véanse *Isaías,* 40. 3; 52. 12; *Miqueas,* 2. 13, etc.).

5^{b}. ¿De quién han de entenderse estas palabras? Según el texto masorético, del esposo, pues los sufijos son masculinos; según la versión de los LXX, lo mismo pueden entenderse del esposo que de la esposa; según la siríaca *Peschito* y la *Vulgata* latina, de la esposa; y esta es indudablemente la lección más probable. En cuanto a la interpretación, no carece de dificultad, y las versiones son varias. La traducción más probable nos parece ser: «Te vuelvo a la vida debajo del manzano, allí donde pereció tu madre, allí donde tu madre murió». El simbolismo, admitida esta versión, parece claro: el esposo, Yavé, da de nuevo la vida a la esposa, Israel, bajo el manzano, que aquí parece simbolizar el monte santo del templo; allí mismo donde su madre, el reino de Israel, destruido y llevado a la cautividad, pereció, murió como reino. (Véanse *Isaías* 51. 17; *Jeremías,* 4. 31; *Oseas,* 4. 5).

6. Los profetas conciben la restauración como una nueva alianza de Yavé con su pueblo (*Jeremías,* 31. 31-33; *Oseas,* 2. 21, 22). En nuestro poema el autor la concibe de igual modo, y pone en boca del esposo una apremiante exhortación a la más plena y entera fidelidad por parte de la esposa. Por eso, es preferible la lección de la siríaca *Peschito,* que pone el verbo en femenino, a la del texto masorético, que lo pone en masculino. «Ponme (esposa) como sello en tu corazón, como sello sobre tu brazo, porque el amor es insaciable, como la muerte, e insaciables los celos, como el Seol; sus dardos son dardos de fuego, son llamas de Yavé».

7. «No pueden extinguir las muchas aguas el amor, no pueden arrebatarle los ríos. Si ofreciese un hombre por el amor toda su hacienda, sería despreciado.» El énfasis de todas estas frases pone bien de manifiesto el amor de que se trata. Es el amor de Yavé, que es un Dios devorador, un Dios celoso (*Deuteronomio,* 4. 24; 5. 9; 6. 15; *Éxodo,* 20. 5; 34. 14); Y este atributo de celoso, que hasta llega a darse como nombre de Yavé (*Éxodo,* 34. 14), parece venirle precisamente de la alegoría que nos presenta a Yavé como esposo de Israel.

8-9. El coro de hermanos, por los cuales parecen simbolizarse las naciones amigas de Israel, parece preguntarse qué harán por su hermana en el día de sus bodas, al tiempo de su restauración y de su nueva alianza; y se responden con propósitos que parecen aludir a la reconstrucción de Jerusalén, con sus muros y sus puertas.

10. Al coro de hermanos contesta la esposa igualmente con imágenes que parecen alusivas a la reconstrucción, y a la paz que le ha sido otorgada por Yavé.

11, 12. Como si en la mente del poeta el nombre de *salom,* paz, que termina el *masal* precedente, hubiera suscitado el nombre de Salomón, el rey pacífico, como traduce aquí la *Vulgata;* propone un nuevo *masal,* que comienza exactamente como el de *Isaías,* 5. 1: la alegoría de la viña. Salomón es aquí, como en todo el poema, símbolo de Yavé, que acaba de dar la paz a Israel. Como es simbólico el nombre de Salomón, lo es también el de Balamón, y así lo traducen Aquila, Símaco y la *Vulgata* latina: «in ea quae habet populos». Con este nombre simboliza el poeta la ciudad de Jerusalén, la *plena populo* (Tre. 1. 1). Allí se ha hecho Salomón, Yavé, una viña, Israel, como en *Isaías,* 5. 1, se la hace en fértil recuesto. Dio esta viña a guardar a unos viñadores, que, por sus frutos, habían de darle mil siclos de plata. Los viñadores guardas son simbólicamente los israelitas, que habían de dar a Dios el fruto de tantas solicitudes y tantos cuidados como puso Dios en cuidar de su viña. Mientras en la alegoría de Isaías, la viña, lejos de dar uvas, no dio más que agrazones; aquí, la esposa, Israel, asegura que Yavé tendrá sus mil siclos de plata, y doscientos más, que serán para los viñadores, verso 12. Antes, la esposa, 1. 6, había sido puesta por sus hermanos por guarda de viñas, pero de viñas ajenas, pues no era suya la viña que guardaba; mas ahora es su propia viña, y la guardará, la tiene a sus ojos, y ella será la que dará a Salomón los mil siclos por los frutos; y con tal cuidado cultivarán ahora los israelitas la viña de Yavé, que habrá un sobrante de doscientos siclos, que serán para ellos símbolo de las bendiciones que por su fidelidad derramará sobre ellos Yavé.

13-14. Termina el poema con dos llamamientos: uno del esposo a la esposa; otro de la esposa al esposo. En ambos vemos repetidas metáforas simbólicas, que hallamos antes en el poema, el jardín, 4. 16; 5. 1; los compañeros del esposo, 1. 7; la voz de la esposa que desea el esposo haga oír, 2. 14; las balsameras, 4. 14; 5. 1. Las alusiones que a este lugar parecen encerrar las palabras del Bautista (*Juan,* 3. 29), en que compara al Mesías al esposo; a sí mismo al compañero del esposo, que oye su voz; son indicios de que este lugar del Cantar era interpretado como mesiánico. Parece, pues, que considera aquí el poeta al esposo como Mesías, como hecho hombre, hermano de la esposa, según los deseos por esta antes expresados. Las palabras del Bautista se refieren a la voz del esposo, según se halla este lugar en la versión de los LXX. Igualmente parece probar el mesianismo de este lugar la promesa de San Juan en el *Apocalipsis:* «Sí; voy pronto. Amén». Y el ruego: «Ven, Señor, Jesús», alusión al final del Cantar, dirigida al Mesías, ya que son muchas las imágenes y símbolos que el *Apocalipsis* ha tomado del Cantar.

La invitación de la esposa al esposo, verso 14, es semejante a la de 2. 17. La esposa pide al amado que venga, que se apresure, que venga saltando por los montes entre las balsameras, que parecen, simbolizar el templo, o pueden ser un sinónimo de los montes de Béter, de 2. 17.

El cervatillo

ÍNDICE DE ILUSTRACIONES

ÍNDICE